Der Weg in ein höheres Bewußtsein

Der Weg in ein höheres Bewußtsein

von

Eva Bell-Werber

DEM WAHREN – SCHÖNEN – GUTEN
BIETIGHEIM/WÜRTT.

Buchreihe: Die edle Gabe
Einbandgestaltung: WSG

Englischer Titel:
THE JOURNEY WITH THE MASTER
INTO A HIGHER CONSCIOUSNESS

Die Reise mit dem Meister in ein höheres Bewußtsein

ISBN: 3–923193–46–7

Dritte deutsche Auflage: 1995
VERLAG DEM WAHREN–SCHÖNEN–GUTEN
D-74321 Bietigheim

Druck und Bindung:
Verlagsdruckerei Otto W. Zluhan, Bietigheim/Württ.

Dieses Buch ist denen gewidmet, die täglich dem Pfad in das Reich des höheren Bewußtseins folgen.

Die Begriffe: Gott, göttlicher oder schöpferischer Geist oder universales Bewußtsein sind alle in dem Wort „Geist" enthalten, das durch dieses ganze Buch hindurch angewandt wird. Jeder dieser Namen kann nach dem Wunsch des Lesers verwendet werden.

Je mehr wir den Weg in das höhere Bewußtsein hinaufsteigen, umso weniger befremdend muten uns die Ausdrücke „Meine Liebe", „Geliebte meines Herzens" und andere an, denn immer mehr fühlen wir die Innigkeit des Einsseins von Mensch und Geist; so wie wir dies auch sehr stark bei den Mystikern finden, die auch schon um Worte gerungen haben, um diese Liebe und Verbundenheit im Geistigen in Worte zu fassen.

DIE REISE DER SEELE

Geist kam zu meiner Seele und sagte: „Laß uns zusammen auf eine Reise gehen.“ Es gab nichts im ganzen Universum, nur meine Seele und Geist. Die Nacht war kristallklar, der Himmel übersät mit Millionen Sternen, und die Luft war von einem Duft erfüllt, als ob alle Blumen der Erde uns zur Freude ihren Duft verströmten. Voll Freude lachte ich laut, als Geist und ich in die Nacht hinausgingen. Es war kein Pflaster unter unseren Füßen, wir gingen auf Luft, die sich wie eine Straße von feinem Gespinst vor uns ausbreitete, und wir sangen zusammen alle Gesänge, die durch die Zeitalter hindurch gesungen worden waren.

Wie wir so weitergingen, sagte mein Gemüt zu mir: „Laß uns hier beim Haus unserer Freunde anhalten und sie mitnehmen auf unsere fröhliche Reise.“ So hielten wir an, und die Freunde kamen heraus und gingen mit uns; aber irgendwie klang die Musik nicht mehr so klar, und der Duft der Blumen schien schwächer.

Dann sagte ein Freund: „Wir wollen hier stehenbleiben und diese anderen Freunde mitnehmen.“ Wir taten es, und die anderen Freunde sangen mit uns, aber die Musik hatte nicht mehr die süße Harmonie, die sie gehabt hatte, als Seele und Geist allein zusammen gesungen hatten. Wie wir alle so weiterzogen, legte sich ein Nebel über die Nacht, und die Sterne verloschen hinter dem seidenen Schleier; der Duft der Blumen kam von so weit her, daß wir alle ihn bald nicht mehr wahrnahmen, die Luft wurde schwer, und es war mühsam, darauf zu gehen.

Die Freunde, die wir mitgenommen hatten, zogen an meinem Gewand und sagten: „Komm, geh unseren Weg, er geht sich gut." Als ich mich umdrehte, um mit ihnen zu gehen, sah ich durch den Nebel ein schwaches Licht. Es war die entzündete Kerze des Geistes, das Licht in der Seele, das immer brennt, und das darauf wartet, daß wir es finden. Da kam ein großes Erwachen über mich, und ich befreite mich schnell von all den Händen, die sich an mich klammerten, und nun stand ich, frei.

Die brennende Kerze des Geistes wurde nun zu einem leuchtenden Sonnenaufgang, der Nebel verschwand, und eine Welt voll Schönheit lag vor mir. Wieder sprach Geist zu meiner Seele: „Wenn du dich mit mir auf die Reise machst, mußt du allein gehen, denn nur wenn du dich frei machst von der äußeren Form der irdischen Dinge, kannst du die Reise von den Sinnenwahrnehmungen zur Seele machen. Ehe du diese Reise nicht mit mir allein gemacht hast, bist du nicht fähig, andere auf dem Pfad zu führen."

Ich erwachte, und ein großer Friede war um mich, ich wußte, daß in den stillen Nachtstunden Geist meiner Seele eine wichtige Belehrung gegeben hatte.

DER AUFBRUCH ZUR REISE

Komm, meine Liebe, laß uns zusammen auf eine Reise gehen. Der Tag ist schön, und der Weg liegt vor uns, der Weg, der uns auf die Bergeshöhen eines höheren Bewußtseins führen soll. Der Pfad, dem wir folgen, wird uns vom Bewußtsein der Sinne zum Bewußtsein der Seele führen.

Wenn du so durch die Seiten dieses Buches dem Pfad folgst, möchte ich, daß du mich erkennen lernst, deinen göttlichen Helfer in allen Dingen. Lerne mit mir zu reden, wenn wir zusammen wandern, und so wird es mir möglich sein, dir viele Schönheiten zu zeigen, die deine Augen jetzt nicht wahrnehmen. Wir werden zusammen in stiller Meditation und Betrachtung verweilen und an Brunnen lebendigen Wassers ruhen.

Du wurdest gelehrt, daß die Gottheit auf einem Thron inmitten deines Seins lebt, und daß dort ein Garten des Herzens ist, wohin du kommen und mich finden kannst, mich, den Geliebten deines Herzens. Diese Bilder unserer Beziehung zueinander sind richtig und von großer Bedeutung. Durch Befolgen dieser Lehre hast du gelernt, mich in deinem Inneren zu finden und zu mir zu kommen und mich als dein eigenes Selbst zu erkennen.

Nun wünsche ich, daß du mir noch näher kommst als je zuvor. Ich möchte, daß du mich als Wandergefährten erkennst. Wisse mich als Geist in deinem wahren Selbst, jener innersten Wirklichkeit, mit dem du vorwärtsschreiten kannst als reine Seele hinauf zu Höhen des Bewußtseins, von denen du bisher nichts wußtest.

Diese Reise ist nicht kurz, denn der Mensch schreitet nicht gleich vom reinen Sinnenbewußtsein hinüber zum Bewußtsein der Seele. Die Reise besteht aus kleinen täglichen Schritten, kleinen Überwindungen von Fehlern des täglichen Lebens, einem täglichen Wachsen der Liebe für die Aufgaben des Einen und die Hingabe an ihn, der den Höhenweg mit dir geht.

DEINE WEGKARTE

Wenn wir heute morgen unsere Reise fortsetzen, ist es sehr wichtig, daß du alle Belange des Körpers für eine Weile beiseite legst. Denke weder an Nahrung noch an Kleidung, denke nicht an Gesundheit oder Krankheit bei dir oder bei anderen. Alle diese Dinge gehören nicht zu Seele oder Geist, und als solche gehen wir auf diesem Pfad weiter, der vor dir liegt. Wenn wir diese anderen Dinge beiseite schieben, diese äußeren Hüllen, die Du – Seele – mit dem physischen Körper übernommen hast, wirst du sehen, daß sie in ihr richtiges Verhältnis zu dir kommen werden. Sie werden dich auf deinem Weg nicht mehr behindern können, und wenn du sie wieder für dein tägliches Leben brauchst, werden sie gereinigt, geordnet und von Nutzen für dich sein. Ich muß darauf hinweisen, daß du diese äußeren Dinge der Sinnenwelt brauchst, denn dies ist der gegenwärtige Plan deines Wirkens, bewahre daher deinen Körper als fähiges Instrument zu deinem Gebrauch. Vergiß nie, daß ich, der Meister von Galiläa, mit meinem Vater auf den Berggipfel des Bewußtseins ging und redete, aber ich stieg auch herab auf die Ebene des vergänglichen Denkens und Lebens.

Diese Berggipfel-Erfahrungen sind es, die dich befähigen werden, unter die zu gehen, die du bei deinem täglichen Gang durch das Leben triffst, ihnen lebendige Lebenssubstanz weiterzugeben, und denen zu helfen, die bereit sind, zur gleichen Reise aufzubrechen, auf der du bist. Meine Liebe, sieh jede Belehrung, die ich dir gebe, als einen kleinen Schritt auf dem Weg, den wir zusammen gehen, während unsere Augen immer auf unser Ziel gerichtet sind, das die Höhe des Bewußtseins ist, und das wir erreichen werden, wenn wir Hand in Hand zusammen gehen. Mit jedem Schritt vorwärts werden viele kleine Wachstumserfolge kommen. Du wirst ein Gefühl der Unbeschwertheit, der reinen Freiheit und Freude erfahren, wenn du mit mir weiter und immer höher hinaufgehst. Ich sage dir, daß dein Weg nicht immer leicht sein wird, oft werden die Sinne sich auflehnen, und es werden immer wieder Tage kommen, an denen du keinen Fortschritt siehst. Manchmal mag es sogar scheinen, daß du wieder in das Tal der negativen Dinge und des reinen Sinnenbewußtseins hinabsteigst. Aber wisse immer, daß wir beisammen sind, daß kein Umstand dich von mir trennen kann, denn Ich bin reiner Geist, der in der Seele wohnt, die Du ist. Der Gipfel des Berges liegt vor dir in all seiner Schönheit als dein Ziel. Wollen wir nicht weitergehen, mein Kind?

Nimm jede einfache Belehrung auf den folgenden Seiten als eine Wegkarte, der du folgst. Einige sind kurz, einige lang, aber wenn du sie befolgst, werden sie dein Bewußtsein für den göttlichen Begleiter erhellen, der jeden Schritt des Weges mit dir geht.

REISEGEFÄHRTEN

Wenn wir so zusammen auf dem Weg des Bewußtseins weitergehen, wirst du feststellen, daß Umstände, Dinge und Menschen, die dir früher gefielen und dich befriedigten, dir nun nicht mehr genügen. An diesem Punkt wendest du dich vielleicht um, blickst zurück und fragst dich, warum dies so ist, und ob es richtig ist, daß du diese Freunde verläßt und weitergehst. Du spürst jedoch, daß du wenig Freude an ihrer Gesellschaft hast, und daß das, was dich früher amüsierte und beglückte, nun anders ist. Versuche nicht, Freude zu erzwingen, wo du sie nicht mehr findest. Die Freunde, die du auf einem anderen Weg zurückgelassen hast, der für sie durchaus gut sein kann, wären in deiner Gesellschaft ebenso wenig glücklich wie du in ihrer.

Du bist zu einer Reise mit mir aufgebrochen, der Weg wird enger für dich, und du wirst feststellen, daß du alles unnötige Gepäck fallen lassen mußt, wenn du mit mir auf diesem gewählten Weg weitergehst. Die Freunde, die dich mit leerem Gerede zurückziehen und festhalten wollen, sind noch nicht bereit und haben noch nicht das notwendige Verständnis für die Reise zur Bewußtwerdung, die du angetreten hast.

Du brauchst nicht einsam oder bekümmert zu sein, denn neben dir geht einer mit Sandalen an den Füßen, der schon vor dir diesen Weg gegangen ist und das menschliche Herz versteht mit all seinen Wünschen und der Sehnsucht, verstanden zu werden. Er ist dein Gefährte, er und die Helfer, die er ausgesucht hat, um dir beizustehen und dich zu stärken. Du wirst auch andere Wanderer treffen, einige, die dir voraus sind, und sie werden dir hilfreich die Hand reichen, wenn der Weg schwierig wird. Viele neue Freuden treten an die Stelle der früheren Vergnügungen, wenn du so singend deinen Weg aufwärts gehst. Manchmal hörst du ein flüsterndes Echo vom alten Weg, den du hinter dir gelassen hast, aber wenn du stillstehst und zurückschaust, wirst du mit erstaunten Augen sehen, wie weit du schon vorangeschritten bist auf dem Pfad der Erkenntnis, und du wirst weitergehen mit leuchtenden

Augen und nach der Hand derer greifen, die mit dir wandern.

DER GROSSE IN-DIR-LEBENDE

Du, meine Liebe, fängst nun an zu erkennen und zu verstehen, daß das, was in deinem Inneren ist, das, was die äußere Welt nicht sieht, viel realer ist als die Welt des äußeren Bewußtseins. Das, wovon ich spreche, ist der große In-Dir-Lebende, der durch dich lebt und wirkt, der durch deinen Intellekt denkt und mit deinen Lippen spricht. Dies ist DU, deine lebendige Seele. In deiner Seele wohne ICH – GEIST –, und in dem Maße, wie du lernst, mit deinem Seelenbewußtsein Verbindung mit mir aufzunehmen, kann ich durch deinen Intellekt denken und meine Worte der Liebe und Weisheit durch deinen Mund sprechen. Diesem Gedanken solltest du viel Beachtung schenken, und wenn wir von der Hitze des Tages am klaren Teich ruhen, werde ich seine tiefe Bedeutung vor dir enthüllen. (Dieses Ruhen und Betrachten des gegebenen Wortes ist von größter Bedeutung.) Versäume nie, wenn du so ruhst, dir bewußt zu machen, daß meine heilige Gegenwart dich umgibt und dir Verstehen vermittelt, weit hinaus über die Worte, die du eben gelesen hast. Von der Annahme und vollen Verwirklichung dieser Belehrung wird dein Bewußtsein der Macht abhängen. Wenn du zur vollen Erkenntnis kommst, daß das Physische nur die äußere Hülle von Seele und Geist ist, wird ein Leuchten, ein Strahlen um dich sein, das wie ein Licht ist, das in dunkler Nacht scheint. Von den Menschen, mit denen du täglich in Verbindung bist, wird dieses innere Leuchten wahrgenommen werden. Man wird von dir sagen, daß du das hast, was man

„Persönlichkeit“ nennt, eine Quelle von Jugend und Freude wird von dir ausgehen. Als Seele bist du weder geboren worden, noch wirst du je sterben. Wenn du in diesem Zustand des Bewußtseins lebst, wirst du ein sicheres Wissen haben, eine tiefe Wahrnehmung, die sich auf dein ganzes äußeres Leben auswirken wird. Du wirst sehen, wie dein Leben auf der äußeren Ebene in eine Harmonie kommt, wie dies nie zuvor war. Meine Liebe, es ist so nötig, daß wir uns Zeit nehmen, dieses innere Wachsen und Entwickeln zu pflegen. Versäume keinen Tag, dich von dem äußeren Geschwätz und Lärm der materiellen Welt um dich zurückzuziehen, damit ich deine Kraft in dir erneuern und dir meine geistige Macht schenken kann.

EINIGEN SOLLST DU HELFEN

Wenn du so aufwärts gehst auf deiner Suche, das Bewußtsein auf diesem Höhenweg des Lebens zu erlangen, das ich für dich wünsche, wirst du viele treffen, die auf verschiedenen Stufen dieses Wissen haben. Einige wissen, wenden jedoch die Belehrungen in ihrem Alltag nicht an. Andere geben sich Mühe und sehnen sich danach, mehr zu wissen und versuchen, im Glauben fest zu bleiben und folgen meinen Fußstapfen nach ihrem besten Vermögen. Hier könntest du stolpern und in eine Versuchung fallen, vor der ich dich warnen möchte. Wenn du die anderen triffst, wünschst du vielleicht, daß sie mit dir diese besondere Bewußtseinshöhe erreichen, auf die deine Füße dich getragen haben, aber das kann unklug sein. Vielleicht gehen sie auf einem anderen Weg auf den Gipfel, und von ihrem Standpunkt aus kann alles ganz anders aussehen. Ihr Bewußtsein kann für sie eine Erkenntnis sein, und du mußt wissen, daß der Meister auch mit ihnen wandert. Ich weiß, was jede Seele nötig hat, damit sie den Gipfel erreicht, und ich werde keinen Wanderer, der sich müht, allein lassen auf dem Weg, der nach Hause führt, was die wahre Vereinigung mit dem Vater ist.

Schaffe darum keine Verwirrung, indem du versuchst, sie zu überzeugen, daß sie das Leben von deiner Sicht her sehen, du sollst sie auch nicht gering achten, weil sie einem anderen Pfad folgen. Ich sehne mich danach, daß du dies erkennst und verstehst, so wie ich es meine.

Es mag auch sein, daß einige zu dir kommen, und du fühlst den Hunger ihres Herzens, ohne recht zu wissen warum. Diese Seele ist neben dir auf dem Weg, doch ihre Augen sind bis jetzt noch nicht ganz offen für die Schönheiten um sie, und ihre Ohren sind noch nicht eingestimmt auf die Musik meiner Sphären. Dann spreche ich zu dir, die ich so sehr liebe, und sage dir, daß es richtig und gut ist, deine Hand auszustrecken und zu sagen: Laß mich dir helfen, damit du siehst und verstehst. Mit dieser schwächeren Hand in der deinen sollt ihr in Liebe zusammen weitergehen. Dein eigenes Bewußtsein wird sich erweitern mit jedem Wort der Hilfe, das du sprichst. Du sollst dich nicht darum mühen, Ausschau zu halten nach einem, dem du helfen kannst, denn ich, der göttliche Geist deiner Seele, werde es dir offenbaren. So geh nun weiter, meine Liebe, singe und preise, daß alles Wissen, alle Stärke und alle Weisheit dir geschenkt wird, um da zu helfen, wo ich es für richtig halte.

DAS ERWACHEN

Meine Liebe, wenn du still wirst, still in der vollen Bedeutung des Wortes Stille, entzünde ich eine Kerze hinter deinen Augen. Ich erfülle dein ganzes Sein mit einem Leuchten, das einem herrlichen Sonnenaufgang gleicht. Niemand kann Verbindung mit mir, der lebendigen Kraft hinter allem Erschaffenen, haben und Schwermut und Stumpfsinn mit sich herumtragen. Wenn ich in der Fülle meiner Schönheit erkannt werde, wird alles Schöne in das Leben einströmen, das mich so erkennt.

Heute, wo wir so ruhig miteinander sprechen, und du in das Bewußtsein meiner Gegenwart kommst, damit ich deine Schritte lenke, möchte ich, daß du über das Wort nachdenkst: Es gibt viele Seelen aber nur einen Geist. Ja, wie wahr ist dies, denn in jedem Menschen lebt eine lebendige Seele. Der Mensch erkennt das nicht. Für die meisten, die auf den Wegen des Lebens gehen, ist nur das Äußere von Bedeutung. Die Seele geht niemals verloren, aber sie ist so tief im materiellen Denken vergraben, daß sie nicht bewußt in dem Gefäß wirken kann, das ihr zu diesem Zweck gegeben wurde, und nur zu diesem Zweck allein. So lebt der physische Körper haltlos und schwach im irdischen Bewußtsein. Er bringt Not und Krankheit hervor, er welkt im Alter dahin. Er quält sich und leidet, während tief in seinem Inneren das lebt, was weder Krankheit, noch Kälte, weder Hunger, noch Alter kennt: die vernachlässigte und unerkannte Seele. Sie muß still auf das Erwachen warten, denn dem Menschen wurde in diesem Punkt freie Wahl gegeben, entweder im Hause des Vaters zu sein oder im äußeren Bewußtsein zu leben.

Vielleicht erlaubt der Mensch seiner Seele in seinem jetzigen Leben nie, den ihr zustehenden Platz einzunehmen und kämpft sich ab, ohne sich bewußt zu sein, wer er ist, bis das Leben ihn schließlich durch sein Kämpfen auf sein eigenes wahres Seelen-Selbst hinweist. Wenn er dann schließlich erwacht, wird er die Wahrheit erkennen, daß er eine Seele ist, ebenso wie alle, die um ihn sind, und daß durch jeden der gleiche Geist fließt. Wenn er das weiß, wenn er – Seele – Verbindung aufnimmt mit dem lebendigen Geist und mit ihm eine Einheit bildet, wird er mit einer lebendigen Flamme erleuchtet. Das Leben nimmt die Schönheit und den Glanz der lebendigen Gegenwart Gottes an, und der Mensch – als Seele – geht als Sieger seinen Weg. In diesem hohen Augenblick, in dem er sein Einssein mit dem Vater erkennt, ist er wirklich Sohn des Vaters geworden. All sein äußeres Tun wird von dieser Glückseligkeit geprägt sein. Und so, meine Liebe, laß uns weitergehen. Wie gering auch heute deine Aufgabe sein mag, wisse, daß du eine Seele bist, und du und Geist als *Eines* wirken und handeln. Ich verspreche dir, in jedem Augenblick des Tages wird dir meine in dir lebendige Liebe bewußt sein.

HÖRE MIR ZU

Meine Worte klingen so leise in deinen Ohren, daß ihre Schönheit für dich verloren geht, wenn du nicht völlig still bist in deinem ganzen Sein. Wenn du dich jedoch darin übst, auf meine Stimme zu hören, wirst du merken, daß sie immer da ist, ganz gleich, wo du bist und in welchen Verhältnissen du lebst. In der äußeren Welt, auf der Ebene, wo du in der physischen Form tätig bist, wird es immer Probleme geben, die dich verwirren und bedrängen, so daß du fühlst, daß du Hilfe nötig hast. Lerne in solchen Zeiten dein Gemüt ganz zu beruhigen, neige dein Ohr zu mir, und mit sanfter Stimme werde ich zu dir sprechen und dir raten, was du in diesem Augenblick tun sollst. Und wenn du in äußere Umstände verwickelt bist, die dich ärgern – warte – und leise werde ich mich bemerkbar machen mit einem Wort der Hilfe und einem Wort der Vorsicht, das dich davon abhält, in negatives Denken verwickelt zu werden.

Zu solchen und vielen anderen Zeiten wirst du mich brauchen. Es ist sehr gut, wenn du jeden Tag eine gewisse Zeit damit zubringst, auf mich zu warten, so wie du es jetzt tust, eine Zeit, in der du dich mir näherst, damit meine Liebe in ihrer Wärme und ihrem Segen dich erfüllt, eine Zeit, in der auch du mir deine Liebe, deinen Segen schenkst, und so werden Geist und Seele in vollkommener, fließender Harmonie *eins* werden. Dann kannst du deine Tagesarbeit aufnehmen, dich ihren Problemen stellen, und sie durch meine Kraft, die durch dich wirkt, lösen. Aber es ist auch notwendig, daß du lernst, zu allen Zeiten auf mich zu hören und dein Ohr mir zuzuneigen, dann werde ich immer für dich da sein, wenn du mich brauchst.

Einige erwarten und wünschen, daß sie meine Stimme laut und klar hören, aber so bin ich nicht. Meine Stimme ist wie das Säuseln des Windes in den Baumkronen, das leise Fallen eines Sommerregens, der süße Duft der Rose. Es ist besser so, denn die Welt hat genug laute Stimmen, ich will diesen Lärm nicht noch verstärken. Darum, meine Liebe, mußt du lernen zu lauschen, dann wirst du mich immer hören. Du wirst stets meine sanfte Führung und meine schützende Liebe fühlen, bis du eine enge Verbundenheit von Seele und Geist erkennst, die du auf keine andere

Weise gewinnen kannst, und dein äußeres Leben wird von der Schönheit meiner Gegenwart überstrahlt sein.

DIE HÖCHSTE WAHRNEHMUNG

Die feinste Arbeit wird nicht mit schweren Maschinen ausgeführt. Ebenso ist es mit deiner Entwicklung. Die höchste Wahrnehmung ist von äußerster Feinheit und von einer hohen Lichtqualität. Mein Kind, du kannst diese Wahrnehmung nur erwerben durch Zeit, die du damit verbringst, dir meiner Gegenwart bewußt zu sein. Nur durch unendliche Geduld kannst du dazu kommen, meine Stimme zu hören. Wie ich dir in einer früheren Belehrung sagte, spreche ich nicht laut, noch wende ich mich an deine Sinne. Du mußt alles äußere Denken und alle Emotionen zur Stille bringen, dann kann ich sprechen, und du wirst wahrnehmen, daß ich es bin, dein Herr und Meister. Ich bin es, Geist, der zu deiner Seele spricht. Ich spreche nur durch ein ruhiges Gemüt, so wie der prächtige Baum am Ufer seine Schönheit nur in einem ruhigen Teich spiegeln kann. Ich wünsche sehr, daß du diese feinere Wahrnehmung pflegst. Bei diesen Bemühungen wirst du feststellen, daß es leicht wird, zu jeder Zeit und an jedem Ort das Gemüt zu beruhigen. Wenn du dann so deinen Weg weitergehst, wirst du dir immer meiner Führung und meiner liebenden Gegenwart bewußt sein. Ganz gleich, was im Äußeren geschieht, meine Weisheit wird dir nahe sein, und du kannst sie anwenden.

Habe nie das Gefühl, es sei deine eigene Weisheit oder die Weisheit deines äußeren Gemüts, weil sie so schnell da ist. Manchmal wirst du so unmittelbar Antwort bekommen auf dein Gefühl, Hilfe nötig zu haben, daß es scheint, es sei dein Gedanke, aber hinter diesem Gedanken hat meine Stimme gesprochen. Dies, meine Liebe, ist wirkliches Einssein. Dies ist wirklich richtiges Handeln. Dies ist wirkliches Gehen an meiner Hand. Wenn diese Wahrnehmung erreicht ist, bist du weit hinaufgestiegen auf dem sonnenbeschienenen Pfad mit deinem Herrn.

Der Tag liegt vor dir mit vielen kleinen Aufgaben. Verwirkliche diese Belehrung in deinem Alltag, wende dich oft nach innen und lausche auf das zarte Flüstern in deiner Seele.

BRINGE DEINE LIEBE ZUM AUSDRUCK

Mein Kind, wenn du diese anderen, die du auf dem Pfad triffst, liebst, bringst du deine Liebe zu mir am besten zum Ausdruck. Liebe will gelebt werden. Laute Beteuerungen sind kein Zeichen für Liebe, aber ein kleines Lächeln, eine zarte Rücksichtnahme, ein angebotener Becher Wasser. Diese Dinge nehme ich an als Zeichen deiner wahren Liebe zu mir. Wenn du lauschst, kannst du mich sagen hören: „Es ist gut, ich weiß, du liebst mich, denn heute sah ich dich in Liebe einem anderen zulächeln, der nach meinem Ebenbild erschaffen ist; heute sah ich, du erkanntest mich in denen, die dir auf dem Weg begegneten, und als du deine Hand ausstrecktest, um ihnen zu helfen, war es ein Ausdruck deiner Liebe zu mir."

Es ist schwer, nur so zu sitzen und Liebe zu fühlen für irgend jemand oder irgend etwas. Ja, wahre Liebe ist ein Gefühl, eine Emotion, aber wenn daraus nie eine Handlung käme, wäre das Gefühl von keinem Nutzen für mich oder für irgend jemand. Manchmal wird es dir scheinen, als ob eine große Woge der Liebe in dir aufsteigt. Dieses Gefühl wird durch die Liebe entzündet, die du im Äußeren zum Ausdruck gebracht hast. Darum wisse, ich nehme es wahr, wenn du Liebe schenkst. Da die Liebe wieder zu dir zurückströmt, wird sie dich segnen, und du wirst wissen, daß sie vom Vater und aus seiner Fülle kommt. Ich gieße meine Liebe in das Herz von denen, aus deren Herz Liebe zu meinen anderen Kindern fließt.

SCHAFFE KEINE TRENNUNG

Wenn du so deinen täglichen Aufgaben nachgehst, ist es sehr wichtig, daß du in denen, die dir begegnen, mein Ebenbild siehst und mein Einssein mit ihnen erkennst. Wenn du dies nicht siehst, wie kannst du dir bewußt sein, daß dieses Ebenbild in dir ist, wie kannst du sagen: „Ich und der Vater ist *eins*?" Du kannst nicht sagen, daß du in deiner Seele das trägst, was dich mit Liebe und Zärtlichkeit einhüllt, wenn du dieses Recht anderen nicht zugestehst. Da es nur Einen gibt, muß es immer dieser gleiche Eine sein. Strebe danach, kein Gefühl der Trennung gegenüber irgendeinem anderen Wesen zu haben. Wenn du sie einer anderen Klasse zuordnest als dich selbst, trennst du dich in diesem Augenblick im Bewußtsein vom Vater.

Dieses Gefühl des wirklichen Einsseins ist nicht leicht zu erreichen. Durch stille Meditation mit mir, durch das Weitergeben der Liebe, die ich dir so reich schenke, durch das Wissen, daß der Vater unteilbar ist, wirst du allmählich den wahren Sinn der Versöhnung lernen, nicht nur mit dem Vater, sondern mit allen deinen Mitmenschen. Du wirst erkennen, daß du nur ein kleiner Teil des Ozeans des Lebens bist, ebenso wie alle, denen du begegnest.

Dies soll eine Richtlinie für dich werden und dann wird es keine Barriere mehr geben für die überfließenden Segnungen des Vaters. Alles, was auf dich zukommt, wird aus seiner überreichen Fülle an Liebe kommen, und jeder Wunsch deines Herzens wird sich erfüllen. Du sagst, wie wunderbar wäre die Welt, wenn alle Menschen nach dieser Richtschnur lebten. Ja, wie wundervoll wäre das. Aber das ist außerhalb deiner Verantwortung. Lerne das Geheimnis in deinem eigenen Herzen, und dann wird für dich und für die, mit denen du in Verbindung bist, die Welt so sein, wie du sie wünschst.

GLAUBE UND VERTRAUEN

Mein Kind, komm für ein paar Augenblicke mit mir in die Stille, ehe wir uns auf den Weg machen in den Tag, der vor uns liegt. Du lernst, daß meine Stimme leise und sanft in dir ist, und daß das leiseste Flüstern um Hilfe mein Ohr erreicht. Du brauchst nicht laut zu rufen oder mich auf Knien anzuflehen um das, was du brauchst oder wünschst. Wenn du dir meiner Gegenwart bewußt bist, wird es allmählich so werden, daß selbst der leiseste Gedanke nach etwas, was du dir wünschst, beantwortet wird, noch ehe du bittest. Mein heiliges Wort, das schon vor so vielen Jahren den Menschen gegeben wurde, ist: „Bitte im Glauben und vertraue." Was ist Glaube, und was ist Vertrauen? Ich sage dir jetzt, die höchste Erkenntnis, die du haben kannst, ist das sichere Wissen meiner Gegenwart in dir. Wenn du die Vereinigung von Dir – Seele – mit Mir – Geist – in dir erfahren hast, und zu der vollen Erkenntnis gekommen bist, daß wir *eins* und untrennbar sind, dann ist dies wahrer Glaube und sicheres Wissen.

Wenn du diesen Entwicklungsstand erreicht hast, wenn du einmal die Freude dieser Vereinigung erfahren hast, können alle Argumente der Welt sie dir nicht mehr nehmen. Es ist wie ein lieblicher Vogel, der in deinem Herzen singt, und ganz gleich, ob sich Wolken im Inneren oder Äußeren zusammenballen, nichts kann die Sonne meiner Gegenwart verdunkeln. Das, meine Liebe, bedeutet wirklich glauben. Und wenn du dieses sichere Wissen hast, kann es keinen Mangel an Vertrauen geben. Du weißt, dein Meister ist immer da, immer achtsam für alle deine Bedürfnisse. Wenn du in dieser Gewißheit deinen Weg gehst, wirst du merken, daß es wahr ist: Ehe du rufst, werde ich antworten. Wie lohnend ist der Weg, die Bewältigung der kleinen täglichen Aufgaben. Ich bin an deiner Seite und jeder Schritt auf dem Weg bringt dich dem Augenblick der völligen Vereinigung mit mir näher. Nimm nun die Pflichten des Tages auf dich, und ich werde den Weg mit dir gehen und mit dir sprechen.

INNERE ERFAHRUNG

Oft, wenn meine Kinder versuchen, Verbindung mit mir aufzunehmen, strengen sie sich an. Sie bemühen sich und streben nach etwas, was so einfach ist; sie meinen, es müßte etwas im Äußeren geschehen. Nach ihrer Vorstellung sollte ein großes Licht erscheinen, eine leuchtende Gestalt vor ihnen stehen, oder sie müßten eine besondere körperliche Empfindung spüren. Ich weise euch darauf hin, daß dies nicht so ist. Wenn ihr mit mir, eurem heiligen Geist im Inneren, in Berührung kommt, ist dies eine innere Erfahrung, die auf der Ebene des Seelenbewußtseins gemacht wird. Kannst du verstehen, daß eine solche äußere Manifestation die erzielten Schwingungen verringern würde, und du den vollen Reichtum der tieferen inneren Erfahrung verlieren würdest? Es ist so notwendig, daß die Freude der Vereinigung von Seele und Geist mit der daraus folgenden Erkenntnis des Einsseins auf dieser, der höchsten aller Ebenen gemacht wird. Anders kann sie nicht vor sich gehen.

Das, was sich den Sinnen offenbaren kann, ist nicht von wahrem Wert für eure Seele. Es ist meist eine Reaktion auf Emotionen. Das emotionelle Leben muß eine Zeitlang beiseite gelegt werden, so wie die Sinnenwahrnehmungen. Ebenso müssen alle Wünsche in diesem Augenblick vergessen werden, da diese Zeit der wahren Vereinigung ohne Emotionen und ohne Wünsche ist. Wenn du dein Bewußtsein auf die Stufe erheben kannst, daß du die Welt der Sinne nicht mehr fühlst, auch keine Gefühlsregungen, außer der zarten inneren Wahrnehmung des Einsseins mit der Gegenwart Gottes tief in dir, dann sind wir in diesem Augenblick wirklich *eins*. Ich sage dir, meine Liebe, in diesem Augenblick kann ich in dich eine Kraft einströmen lassen, von der die äußere Welt keine Vorstellung hat. Du wirst dann weitergehen mit wachen Sinnen für all die Schönheit und Freude meiner äußeren Schöpfung in der physischen Welt, und deine Gefühle haben ihren richtigen Platz eingenommen. Sie sollen nicht aufgehoben werden, sondern du wirst so mit ihnen umgehen können, wie ein feinsinniger Musiker mit seinen geübten Händen auf einer goldenen Harfe spielt. Die Wünsche für deine Lieben und für dich selbst werden meine Wünsche für sie und für dich sein, und sie werden sich erfüllen, den Körper heilen und die Angelegenheiten ordnen.

Darum, meine Liebe, wenn wir in dieser engen Verbindung zusammen sind, empfinde es nicht als Mangel, wenn es nur eine Zeit des stillen, friedevollen Ruhens zu sein scheint, sondern wisse, daß du in diesen wenigen Augenblicken für dich Erkenntnisse aufbaust, die sich im Äußeren manifestieren werden in einer Weise, von der du jetzt nicht einmal träumen kannst. Darum zögere nicht, oft zu dieser unserer Zeit der Ruhe zu kommen, damit diese Worte an dir erfüllt werden.

ZWEI LEBEN, DIE EINS WERDEN

In der vorigen Belehrung habe ich dir gezeigt, wie Sinnenwahrnehmungen und Emotionen, einschließlich der Wünsche, beiseite gelegt werden müssen, damit du die höchsten Seelenerfahrungen machen kannst. Ich fühle eine Frage in deinem Herzen, einen Zweifel, ob du wohl fähig bist, diese Bedingungen ganz zu erfüllen. Bisher habe ich dir schon oft Anweisungen gegeben, die du befolgen sollst, und Anregungen, damit du dies erreichst, aber laß uns noch einmal ruhig darüber reden, denn es ist jetzt für dich von größter Bedeutung, daß du noch besser den Pfad verstehst, über den deine Füße dich nun tragen müssen. Viele Menschen scheinen zu glauben, daß sie durch Kenntnis einer einfachen Formel fähig sind, sofort in die Gegenwart Gottes einzutreten. Sie versuchen es auf diese Weise, und oft glauben sie, Erfolg zu haben; sie haben ihn auch in gewissem Maß, aber es fehlt ihnen der höchste Gipfel der Freude, den sie haben könnten.

Andere werden mutlos und geben ihre Bemühungen auf, und allmählich lassen sie davon ab wie von einer törichten Idee.

Wenn es wirklich so einfach wäre, daß man durch Wiederholen von Worten in die Gegenwart Gottes eintreten könnte, würden viel mehr Menschen den Weg finden, viele, die sich aufrichtig bemühen und doch keinen Erfolg haben. Du mußt etwas tun, aber du mußt es nicht allein tun, denn ich bin da und helfe und mache dir Mut. Jedesmal wenn du den Anweisungen folgst, die ich dir für deinen Alltag und für die Menschen um dich gebe, jedesmal wenn du mit meiner Hilfe ein schnelles Wort der Kritik oder ein nutzloses Gerede unterdrückst, jedesmal wenn du einen selbstlosen Gedanken für einen anderen hast oder gar ein Lächeln, wo keine Hoffnung auf eine Erwiderung zu sein scheint, schiebst du einen Schleier der Sinne beiseite, der dich von dem Allerheiligsten trennt, wo ich bin. Du kannst nicht auf dein äußeres Leben ausgerichtet sein, enge Vorurteile mit dir herumtragen, und so jederzeit in den geheimen Raum des Höchsten eintreten wollen. Diese Fehler sind Bündel, die du dir selbst aufladst, die du aber nicht mitnehmen kannst, wenn du den engen Pfad des Geistes hinaufgehst.

Strebe täglich danach, das äußere Leben von diesen kleinen Füchsen frei zu machen, und ich sage dir, du wirst sehen, wie Schleier um Schleier verschwinden wird. Wie der Nebel von den Bergpfaden aufsteigt, und das helle Licht der Sonne durchbricht, so wirst du erkennen, daß du durch diese Überwindung das beiseite geschafft hast, was uns im Bewußtsein trennt, denn das Bewußtsein ist der einzige Ort, wo es Trennung geben kann. Ich möchte, daß du siehst, daß der Wert dieser Belehrungen auf der Tatsache beruht, daß sie sich nicht nur auf das innere Leben und seine Erkenntnisse beziehen, sondern ebenso auf dein tägliches Leben unter deinen Mitmenschen. Die beiden Leben müssen und werden zu einem vereint werden, was sie in Wirklichkeit sind. Dies ist der tiefe Sinn, weshalb du und alle anderen auf die irdische Ebene gebracht wurden. Wenn dieser Punkt von irgendeiner Seele erreicht wird, wird alles Leben auf eine höhere Stufe erhoben, und das Königreich des Himmels ist näher.

DU – SEELE

Du beginnst zu verstehen, daß du – das wirkliche Du – Seele bist, und der physische Körper nur sein Instrument. Es ist keine leichte Aufgabe, dem Körper den ihm zustehenden Platz zuzuweisen, und solange dies nicht erreicht ist, wird das Körperliche in deinem Leben scheinbar immer mehr oder weniger Macht haben. Strebe heute danach, dein Bewußtsein mehr auf diese Seele auszurichten als auf die Körperhülle, in der die Seele wirkt. Du und Geist ist wirklich *eins,* und wenn ihr als *Eines* wirken könnt, wirst du volle Kontrolle über diesen physischen Körper haben. Du wirst dem Körper Nahrung geben, und du wirst ihn nach seinen Bedürfnissen kleiden. Du wirst dafür sorgen, daß er sich wohlfühlt, und ihm geben, was er braucht. Du wirst die Wunder seiner dem Willen nicht unterworfenen Funktionen anerkennen, und du wirst lernen, dein Wort zu sprechen, so daß er deinem Befehl gehorcht. Aber nur, wenn du dein Bewußtsein hoch über dieser Körperhülle hältst, wirst du volle Kontrolle über sie haben. Erlaube nie dem Niedrigeren über das Höhere zu herrschen, immer sollst Du den Platz am Steuer haben.

Es ist von größter Bedeutung, mein Kind, daß du diese Belehrung klar verstehst, wenn wir so zusammen den Weg hinaufsteigen. Nur durch ein dauerndes Anerkennen des wirklichen Du kann diese „Du-Seele“ im Bewußtsein des Geistes bleiben, und nur wenn Seele und Geist als *Eines* wirken, kannst du dich über das Erden-Bewußtsein erheben.

Dieses Erden-Bewußtsein ist es, das überall um dich Widersprüche sieht. Es verwickelt dich in Angelegenheiten, die dich überhaupt nichts angehen. Es drängt dich oft dazu, für andere das zu tun, was nur sie allein tun können. Dieses Erden-Bewußtsein veranlaßt dich auch, hierhin und dorthin zu laufen und Zeit und Kraft zu vergeuden. Aber ich höre dich zu mir sagen: „Ich lebe in dieser Welt, ich sehe überall Schwierigkeiten um mich herum, ich sehe Menschen, die meine Hilfe nötig zu haben scheinen, und es gibt vieles, um das ich mich einfach kümmern muß." Ja, meine Liebe, das ist wahr, aber du sollst diese Dinge von der Sicht der Seele her sehen, und mit ihnen umgehen. Das Physische wird dann gehorchen, und vom Seelen-Bewußtsein her wirst du wissen, wann und wie du helfen sollst, und was wichtig und was unnötig ist in deinem Tun.

Du wirst merken, daß du keine Mühe mehr vergeudest mit nutzlosem Herumlaufen, und wirst immer weniger Fehler in deinen Beurteilungen machen. Diese Fehler werden dir nur noch unterlaufen, wenn du für Augenblicke wieder in das alte,irdische Denken zurückfällst.

In dem Augenblick, in dem deine Seele mit Geist *eins* ist, wirst du Herr über alle Situationen sein, und keine wird dich beherrschen, denn du hast dich frei gemacht von der Knechtschaft der physischen Bindungen, und hast die vergänglichen Hüllen des Sinnenbewußtseins abgelegt. Ist es schwer, diese Belehrung zu befolgen? Ja, wenn du es aus eigener Kraft tun willst. Wenn Ich den Weg mit dir gehe und dir helfe, wenn du dir meiner ganz bewußt bist, bewußt, daß die Seele in ihrem Ringen nie allein gelassen wird, sondern daß Geist immer da ist, helfend und führend, Tag um Tag, dann wirst du feststellen, daß der Weg zur Erkenntnis leichter wird. Deine Seele wird Lieder des Lobes und der Anbetung singen auf ihrem Weg himmelwärts.

UNTERBRECHUNGEN

Mein Kind, wenn wir innehalten, um miteinander zu reden, wird es oft vorkommen, daß wir unterbrochen werden, und du für einen Augenblick das Gefühl hast, mich zu verlassen, mich, deinen inneren Führer, und als ob du in das weltliche Bewußtsein zurückträtest. Aber gib diesem Gefühl nicht nach, und erlaube diesem Gedanken nicht, dich zu verwirren. Wisse, daß du dein wirkliches Selbst nicht verlassen kannst.

Auf der irdischen Ebene werden immer wieder Dinge geschehen, die an deine Tür klopfen und sofortige Aufmerksamkeit fordern. Sei darauf vorbereitet, auf sie zu achten, und wenn nötig, auf ihr Drängen einzugehen. Werde nicht ungeduldig, denn gerade durch diese Ungeduld trittst du vom höheren Bewußtsein in das niedrigere zurück. Nur wenn du dich von diesen Geschehnissen ärgern oder beunruhigen läßt, baust du die Brücke, über die deine Füße dich vom Bewußtsein der Seele wegtragen. Wenn du alle Unterbrechungen von der Ebene der Seele angehst, wirst du feststellen, wenn wir unsere Belehrung wieder aufnehmen, daß unsere Verbindung nicht verloren ging, sondern statt dessen gestärkt wurde.

Manchmal müssen unsere Belehrungen kurz sein, damit sie in deinem Herzen fest verankert werden. Darum sage ich dir jetzt: Lies immer wieder deine früheren Belehrungen, jede ist lebenswichtig, wenn wir unsere Reise auf die größeren Höhen des Geistes machen. Sie sind eine notwendige Ausrüstung. Du würdest nicht in die Wüste reisen ohne einen Vorrat an Wasser, noch würdest du einen Berggipfel besteigen ohne Ausrüstung und zweckmäßige Kleidung für die kühlere Luft auf dem Gipfel. So kannst du auch die Reise, zu der wir aufgebrochen sind, die Reise von den Sinnen zur Seele, nicht durchführen ohne Essen und Trinken und die Ausrüstung an Mut, die ich dir in diesen Belehrungen gebe. Darum erlerne jede Lektion gut, und mache sie zu einem Teil deiner Ausrüstung, mit der du an meiner Seite auf den Berg der Erkenntnis steigst.

MIT MIR ARBEITEN

Es ist nicht immer leicht, meine Stimme zu hören. In dem Augenblick, wo du sie zu verlieren scheinst, kommt Mutlosigkeit. Die Welt und das weltliche Bewußtsein werden so bedrängend, daß sie das tiefe innere Fühlen, das dich mir, dem Geliebten deines Herzens, im Bewußtsein nahebringt, zu ersticken scheinen. In einem solchen Augenblick rate ich dir: Geh den irdischen Aufgaben nach, die so drängend erscheinen. Denke nicht, du hättest kein inneres Licht, noch fürchte dich, denn das Licht ist unveränderlich da und leuchtet immer. Ich bin stets das wirkliche Du von dir. Nur das Äußere hat für kurze Zeit in deinem Bewußtsein die Oberhand gewonnen.

Wenn du so den Pflichten des Tages nachgehst und sie gut und treu erfüllst, wisse, daß jede recht getane Arbeit durch mich getan wurde, denn ich arbeite mit dir vom hohen Stand meines Bewußtseins her, und diesen Bewußtseinsstand ersehne ich auch für dich. Alles was du fröhlich und glücklich tust, geschieht mit meinem Segen. Du brauchst nicht lange Stunden in schweigender Vereinigung mit deinem Seelen-Selbst zu verbringen; ich will das nicht. Solange du auf der äußeren Ebene lebst, mußt du die Arbeit dieser Ebene tun, und mit der Materie umgehen. Deine Sinne müssen klar und scharf sein. Wenn du in diesem Wissen die Aufgaben ausführst, die vor dir liegen, brauchst du niemals Furcht zu haben, denn du tust sie durch mein inneres Licht, und alles, womit du in Berührung kommst, wird durch meine Gegenwart gesegnet. So tue nun deine gegenwärtigen, offensichtlichen Pflichten, denn wir wirken als *Eines,* was wir auch tatsächlich sind, gleichgültig auf welcher Ebene du wirkst. Mein Segen ist mit dir jeden Augenblick des Tages. Das wirkliche Du ist unberührbar. Dies ist eine Tatsache, die manchmal schwer zu verstehen ist, denn die Welt scheint so bedrängend nahe und so sehr real. Oft kommt es vor, daß das Telefon läutet und scheinbar deine Zeit der Ruhe allein mit mir unterbricht. Es scheint für eine gewisse Zeit notwendig, daß du den Forderungen des Äußeren nachgibst. Wenn du erkennen kannst, daß das wirkliche Du niemals von mir getrennt ist, daß du in Sekundenschnelle wieder im Seelenbewußtsein bist, wirst du viel Ausgeglichenheit, Geduld und Verständnis gewinnen. Denke immer daran, daß der größere Teil derer, mit denen du auf den irdischen Wegen gehst, das Verständnis, das du hast, nicht hat. Sie wissen nichts von Meditation, und um ihnen ein Freund und Helfer zu sein, mußt du ihnen auf der Ebene ihres Verständnisses entgegenkommen.

Dieses geduldige Verständnis wird deinen Fortschritt nicht hemmen. In einer früheren Belehrung habe ich dir schon gesagt und muß es hier wiederholen, damit du es ganz verstehst: Das, was ein Hindernis für dich ist, ist Ungeduld und das Gefühl des Ärgers. Du fühlst vielleicht, daß nun deine Meditation unterbrochen wurde, und du sie nicht wieder aufnehmen kannst, weil immer wieder etwas dazwischenkommt. Durch diesen Gedanken wirst du gestört, denn mit diesem Gedanken bringst du zum Ausdruck, daß es für dich eine Möglichkeit der Trennung zwischen uns gibt.

Dies gilt auch für alle äußeren Bedingungen. Wenn du Störungen in deinem Körper empfindest, bleib immer fest in deinem Bewußtsein und wisse, daß dein wirkliches Du hiervon nie betroffen wird, daß dem Seelen-Du nichts geschehen kann, da der Körper nur das ist, was von der Seele benützt wird, und daß alles, was ein Hindernis zu sein scheint, vom hohen Stand des Seelen-Bewußtseins geleitet wird, und Ich, Geist, der durchDich, Seele, wirkt, lenke die äußeren Bedingungen und Umstände, wie immer sie auch sein mögen.

Hierin liegt eine sehr wichtige Belehrung für dich. Belehrungen für dein irdisches Leben müssen erlernt werden. Wenn sie nicht notwendig wären, wärst du nicht auf die irdische Ebene gebracht worden. Der Seele wurde ein Körper gegeben, damit sie lernt, richtig damit umzugehen. Du bist von irdischen Bedingungen umgeben, damit du sie meisterst in der Weisheit und Erkenntnis der Seele, und deine Seele Stärke und Macht erlernt.

Darum, meine Liebe, sei geduldig, nicht nur mit anderen, sondern auch mit dir selbst. Wisse nur, daß es notwendig ist, dir immer der heiligen Gegenwart bewußt zu sein. Dann wirst du sehen, daß du in Ruhe deinen Weg aufwärts gehst, und aus allen Erfahrungen, die du machst, viel lernst. Wisse, daß du jetzt am richtigen Platz stehst, und ich bei dir bin.

DIE WEISSE MAGNOLIE

Heute morgen bei unserer stillen Meditation möchte ich, daß du dir vorstellst, du hältst in deiner Hand die schöne Knospe einer weißen Magnolienblüte. Sie hat noch nicht den Zustand ihrer vollen Schönheit erreicht, und du siehst nur eine längliche graubraune Knospe, aber wenn du sie so anschaust, wirst du bemerken, daß sie anfängt zu wachsen, gerade so wie dein Bewußtsein zu wachsen beginnt von dem Augenblick an, in dem du mich erkennst. Die Knospe zeigt allmählich ein crème-farbenes Weiß, so wie deine Seele sich verändert, wenn sie sich selbst erkennen lernt. Allmählich schwillt die Knospe, und Blütenblätter zeigen sich. Beobachte nun, wie sie sich entfalten, ein wachsfarbenes Blütenblatt nach dem anderen. Wie herrlich ist sie nun, eine weiße, schalenförmige Schönheit, und du betrachtest sie voll Bewunderung, daß sich so etwas Schönes entwickeln kann. In gleicher Weise entwickelst du dich, meine Liebe, nicht auf einmal, sondern Stückchen um Stückchen, bis du wie die halboffene Schale der Schönheit in deiner Hand bist. Wie das Seelenbewußtsein wächst, wächst auch du an Schönheit des Wesens und der Persönlichkeit, und das Leben um dich strahlt diese Schönheit, die du ihm gibst, auf dich zurück.

Aber wir wollen hier nicht stehenbleiben. Sieh noch einmal auf die Blume in deiner Hand. Sie öffnet sich noch mehr. Je weiter die Blütenblätter aufgehen, umso tiefer siehst du in das Herz der Blüte und siehst dort die goldenen Staubfäden in ihrer Mitte, und beim Schauen nimmst du tief den Duft der Blume auf, den sie ausströmt, und du trinkst von ihrem Reichtum, und die Schönheit der Blüte und ihr herrlicher Duft erfüllen dein ganzes Sein. So ist es auch bei dir, wenn du dich Tag um Tag entfaltest, und wenn du lernst, still zu sein mit mir. Mein Geist wird deine Seele überfluten, und du wirst wirklich erkennen, was es heißt, in meine Gegenwart eingehüllt zu sein.

Dies ist nur ein Beispiel, ich könnte dir viele geben, aber dies soll jetzt genügen. Sei still, nimm diese herrlichen Wohlgerüche tief in dich auf, die aus dem Geist zur Seele strömen, und wenn du deinen Weg weitergehst, wird alles Leben um dich den Duft meiner Gegenwart tragen.

ICH BIN DEIN LEHRER

Meine Geliebte, ich bin es, Ich, dein wirkliches Selbst. So eng verbindet sich mein Geist im Inneren der Seele – Dir. Der Tag beginnt, ein weiterer Tag, der dir geschenkt ist für Arbeit, Meditation, ein freies und schönes Leben. Was mögen die Stunden bringen! Wenn du zurückschaust, siehst du so viele Lebensphasen, durch die du gegangen bist. Wirst du am Ende dieses Tages ein höheres Bewußtsein von mir haben? Oft werden die Stunden sonnenhell sein, Blumen verströmen ihren Duft, Vögel singen in deinem Herzen. Du wirst anderen, die das gleiche Bewußtsein haben, begegnen und mit ihnen sprechen. Wenn heute der Abend hereinbricht, wirst du dich zu Höhen emporgehoben fühlen, die du nie zuvor erreicht hast. Es wird dir leicht sein, dich als Seele zu erkennen, und du wirst deutlich meine sanfte Stimme hören. Aber so wird es nicht alle Tage sein. Manche Tage sind schwer und wolkenverhangen, die Erde ist aufgeweicht von Regen, und der Wind schüttelt und peitscht die Bäume. Die Stunden ziehen sich hin, du kannst dich auf nichts konzentrieren, und es scheint, als wäre nirgendwo ein Licht der

Freude. Dann, mein Kind, ist es Zeit zu erkennen, daß äußere Umstände dich niemals in deiner inneren Wirklichkeit berühren können. Ich bin da, neben dir, in dir. Sonnenschein oder Schatten berühren die Verbindung zwischen Seele und Geist nicht. Lerne in den Tiefen deines Seins dies zu fühlen und zu erkennen.

Solange du auf der irdischen Ebene weilst, wird es immer Zeiten geben, in denen das Singen im Herzen still ist. Dann ist die Zeit gekommen, in der du ruhig warten und geduldig deine Aufgaben erfüllen sollst, und plötzlich, wie der Regenbogen nach dem Gewitter aufleuchtet, wirst du meine liebevolle Gegenwart erkennen.

Noch über etwas anderes möchte ich heute morgen mit dir sprechen. Oft mag es dir scheinen, daß du von bestimmten Umständen oder Bedingungen von dem abgehalten wirst, von dem du fühlst, daß es dein Bewußtsein erhebt. Dies entspricht meinem Plan für dich. Ich möchte, daß du zu mir kommst, ohne Hilfe zu brauchen oder einen anderen Menschen, der dir das Gefühl meiner Gegenwart und ihrer Herrlichkeit vermittelt. Solange du von irgend etwas oder irgend jemand abhängig bist im Äußeren, um dieses Bewußtsein von mir zu erlangen, genau so lange besteht für dich ein Gefühl der Trennung von deinem wahren Selbst.

Vielleicht glaubst du, irgendwohin gehen zu müssen, um meine Nähe zu fühlen oder einen Menschen zu brauchen, der dir eine Tür öffnet, um mich zu finden. Das muß nicht so sein. Wenn du weiter den Berg der Erkenntnis hinaufsteigst, möchte ich, daß dir klar wird, du brauchst weder einen Menschen noch einen besonderen Ort, um mich zu finden, oder meinem Geist näher zu kommen. Ich bin so sehr das Du von dir, daß es niemals eine Trennung geben kann, und ich sehne mich danach, daß meine Kinder dies jetzt und immer wissen. Aber ich höre dich fragen, und es ist gut so: Und die anderen Lehrer und Helfer, die den gleichen Weg gehen, sollen sie mir nicht helfen? Ja, meine Liebe, natürlich, ihre Aufgabe ist es zu helfen. Was ich meine, ist, daß du dein völliges Einssein mit mir so klar erkennst, daß jene anderen in deinem Leben kommen und gehen können, ohne daß es dich beeindruckt. Der Weg zur Erkenntnis ist lang, und meine Kinder müssen einander helfen. Diejenigen, die etwas weiter sind, strecken die Hand aus und helfen über eine Klippe, so wie du denen hilfst, die dir folgen. Aber wenn diese Helfer auch von mir kommen, erlaube ihnen nie, den Platz einzunehmen, wo du sie anstelle von mir als deine Lehrer siehst. ICH bin dein Lehrer, ICH bin dein Führer, dein jetziger und dauernder Begleiter. Komm nun, der Tag liegt vor uns mit seinen vielen Pflichten, ich segne dich, wenn wir so unseren Weg weitergehen.

STREBE DEM GIPFEL ZU

Die Bewußtseinsbildung, mein Kind, geschieht nicht schnell, noch ist sie immer leicht zu vollziehen. So wie ein großes Gebäude Stein um Stein aufgebaut wird, und viele Menschen hart daran arbeiten, so wird auch das Bewußtsein aufgebaut. Dein Bewußtsein wird mit Hilfe vieler anderer gebildet. Die, die du liebst, helfen dabei, und die Liebe, die du ihnen schenkst, ist ähnlich der großen Liebe, die ich dir entgegenbringe. Diejenigen, die dich ärgern und dir Not machen, geben dir Gelegenheit, die Wesenszüge, die dich in deinem Denken von mir trennen wollen, zu überwinden. Sie alle spielen eine Rolle in dem Webmuster deines Lebens. Beim Bau eines Hauses hat man immer das fertige Gebäude vor Augen. So ist es auch bei dir. Schau immer auf dein Ziel, es ist die Vereinigung der Seele, die Du ist, mit dem Geist.

Tagtäglich überwindest du mit meiner Hilfe die kleinen negativen Züge deines Wesens. Tag um Tag fällst du in negatives Denken, aber bemühe dich, es zu überwinden. Auf diese Weise baust du dein Bewußtsein auf, und auf diese Weise steigst du den Pfad mit mir hinauf. Du mußt dein Auge auf das Ziel richten und immer das tun, was dich diesem Ziel näher bringt. Immer wenn du ein scharfes Wort unterdrückst, oder ein Glas kaltes Wasser schenkst, und mich in dem siehst, dem du es reichst, hast du einen weiteren Baustein dem Gebäude hinzugefügt, das höheres Bewußtsein genannt wird.

So sei nun nicht mutlos, sondern arbeite ruhig und sicher in dem Wissen, daß du nicht allein gehst, denn ich, der dich als geliebten Teil meines Selbstes ansieht, bin immer da in deiner Seele. Wisse, mein Vorratshaus der Liebe ist voll, und ich gebe dir aus der Fülle in dem Maße, wie du offen bist, zu empfangen.

DER GOLDENE FADEN

Mein Kind, oft fühle ich in dir eine Frage, ob du von mir nicht alles erhalten hast, was du auf der Höhe deines Bewußtseinszustandes aufzunehmen fähig bist. So ist es nicht. In dem Maße, wie du dein Herz und Gemüt öffnest, um diese meine Worte aufzunehmen, kann ich mehr und immer mehr von meiner Weisheit ausgießen für dich zu deinem Gebrauch. Tag um Tag wird dein Bewußtsein wachsen und sich entfalten, wenn wir in

der Stille beisammen sind, und du dann weitergehst, und die Lehren, die du erhalten hast, in deinem Alltag anwendest. Ehe ein Kind laufen kann, muß es erst gehen lernen, und so ist es auch bei meinen Kindern. Ich gebe meine Weisheiten langsam, damit sie gut verstanden und in das tägliche Leben in der Welt um dich übernommen werden. Ich habe noch viele andere Belehrungen für dich in der kommenden Zeit, Belehrungen, die für dein Seelenleben wichtig sind, das du weiter entwickeln sollst. Dieses Seelenleben soll, während es auf der irdischen Ebene unter physischen Bedingungen gelebt wird, sich diesen Bedingungen anpassen. Es muß jedoch auch an reinen Seelenwahrnehmungen und reinen Seeleneigenschaften wachsen. Dies, meine Liebe, kann nur geschehen, wenn du dir meiner Gegenwart bewußt bist. Die Belehrungen, die ich gebe, scheinen sich oft eher zu wiederholen, als neue Gedanken und Lehren zu bringen. Aber ich sage dir jetzt, daß sich ein goldener Faden durch sie alle zieht, der durch diese Wiederholungen hervorleuchtet und in deine Seele eingewoben wird. Es ist der goldene Faden der Liebe. Liebe ist der Schlüssel, der mein goldenes Vorratshaus für meine Kinder aufschließt. Liebe ist das Tor, durch das sie unmittelbar in den goldenen Thronraum im Innersten ihres Seins eintreten können. Liebe, in die Tat umgesetzt und so fließend gehalten, ist die Macht, die jedes vor dir liegende Hindernis beseitigt. Alle Menschen haben Liebe, aber sie ist oft fehlgeleitet und völlig auf das Ich dessen ausgerichtet, der sagt, er liebe. Von dieser Liebe spreche ich nicht heute morgen. Die Liebe, die ich meine, ergießt sich aus dem Innersten des Herzens und überströmt dein ganzes Sein mit einer Wärme und Freude, die es unmöglich macht, etwas anderes zu tun, als zu helfen, da wo Hilfe angebracht ist und gebraucht wird.
Es ist das Aufglühen, das du fühlst, wenn du dein

Haupt unter meinem Segen neigst. Es ist, wenn du dich selbst vergißt, und dich immer nach innen wendest zum Bewußtsein der Seele und ihrer Entwicklung, damit sie dein ganzes Leben auf der äußeren Ebene mit ihrer Schönheit präge. Und so sage ich dir, halte dich nicht zurück im Schenken deiner Liebe, denn wenn du sie, ohne an persönlichen Gewinn zu denken, hingibst, wird sie in immer größerem Überfluß zu dir zurückkehren. Liebe ist die Seeleneigenschaft, die du entwickelst für deinen Gebrauch, wenn die Seele für ihr Wirken den fleischlichen Körper nicht mehr hat. Sie ist von mir und meinem Geist und verbindet Seele und Geist in einer nie endenden Vereinigung. So geh nun weiter und liebe, stark und frei. Komm oft zum Bewußtsein meiner Gegenwart, damit ich Liebe wie lebendiges Wasser in deine Seele gießen kann, denn sie ist das wahre Wasser des Lebens, und überall, wohin es kommt, bringt die Wüste Blumen in Fülle hervor, als würde sie von einem goldenen Zauberstab berührt.

SEI POSITIV

Meine Liebe, erlaube mir, der ich in deiner Seele wohne, den Ablauf des vor dir liegenden Tages zu lenken. Wenn du es kannst, tritt als menschliche Persönlichkeit beiseite und laß mich völlig durch dich wirken. Wenn es dir gelingt, all deine Arbeit vom Bewußtsein der Seele und des Geistes her zu tun, was für ein herrlicher Tag mit wunderbaren Werken wird es sein! Vielleicht wäre es vom Äußeren her gesehen ein ganz gewöhnlicher Tag, doch im Tempel deines Herzens wird der Vorhang weggezogen, und du wirst dann an meiner Herrlichkeit teilhaben, denn du hast wirklich den göttlichen Weggefährten gefunden und weißt, daß die gesegnetsten Stunden die sind, in denen wir zusammen wirken, – Du – Seele – mit Mir – Geist, als der Eine, der wir in Wahrheit sind.

Aber du sagst, wie kann dies geschehen, wie soll ich die Tagesarbeit dem göttlichen Einen, der in mir wohnt, übergeben können? Es muß eine andere Möglichkeit geben, als einfach zu sagen: „Ich will es." Ja, tatsächlich, es gibt einen Weg, und es gibt einen Schlüssel. Laß keine negativen Gedanken in dir aufkommen, sie rufen negative Auswirkungen in deinem Leben hervor. Handle nur nach positiven Grundsätzen. Wenn etwas Negatives auf dich zukommt, und du nimmst es an, erlaubst du durch dieses Annehmen, daß es sich auf das Physische überträgt. Darum, wenn dies geschieht, mußt du als erstes die Tür vor jeglichem Denken und Tun, das nicht aus der Seele oder dem Geist kommt, schnell und fest verschließen. Ich möchte dir zeigen, daß alle positiven Gedanken, alles Liebliche und Schöne und Friedliche, alles das, was gut getan wird, ein Leuchten in dein Herz bringt; das ist mein Geist, der in dir frei wird, damit du ihn gebrauchst. Es ist so wichtig, daß du dies weißt, denn daran erkennst du, wie real meine Hilfe ist, und wie notwendig es für dich ist, alle Zeichen meiner Gegenwart zu erkennen. Durch diese Erkenntnis erweitert sich dein Bewußtsein. Andere, ohne dieses entwikkelte Bewußtsein, können auch positiv handeln und leben, was zeigt, daß ich durch mein Universum ströme auch da, wo man mich noch nicht kennt und anerkennt. Der Mensch denkt oft, er sei selbst gut und großmütig und weiß nicht oder kümmert sich nicht darum, daß es der große Geist alles Guten ist, der hinter seinen Handlungen steht. Er ist dann Tag um Tag Schwankungen unterworfen und wechselt leicht vom

Guten zum Bösen, so wie es für seine Zwecke paßt. Er meint, es sei seine Kraft, die seine Handlungen bestimmt, seine Kraft allein. Du, wenn du weißt, daß alles, was du Gutes tust, durch meinen Geist getan wird, wisse auch, daß du, um ein bewußtes Einssein mit diesem Geist und seiner Macht festzuhalten, alles negative Denken aus deinem Leben wegfallen lassen mußt. Du, der du die Wahrheit kennst, trägst Verantwortung.

Liebe alles, was du heute tust, und womit du heute in Berührung kommst, segne schweigend alle, die du auf deinem Weg triffst und wisse, ich bin es, der sie durch dich segnet. Dann, wenn die Nacht hereinbricht, wirst du die zurückliegenden Stunden überblicken und wissen, daß du nicht allein warst, noch dem Physischen unterworfen, und es wird eine Freude für dich sein, den Tag mit mir zu beschließen.

DIE GABEN DES VATERS

Meine Geliebte, erst wenn du dein Bewußtsein entwickelst, erst wenn du zur vollen Erkenntnis der Bedeutung des wirklichen höheren Bewußtseins kommst, dann erst kannst du tatsächlich die Worte verstehen: „Alles, was der Vater hat, ist dein", und dann erst kannst du zutiefst erkennen, daß du und dein Vater *eins* ist. Du verstehst, daß es keinen Augenblick gibt, an dem du im Inneren deines Seins nicht den ganzen Reichtum des Vaters hast. Diese Reichtümer sind dir nicht für gutes Verhalten geschenkt worden, es sind keine Preise, die du erringen kannst, sondern es ist etwas, was du immer gehabt hast, so wie du immer den physischen Körper hattest, seit du ins Erdenbewußtsein kamst. So hast du immer diese Reichtümer des Vaters gehabt, obwohl deine Augen die Wahrheit nicht gesehen, noch dein unentwickeltes Bewußtsein sie wahrgenommen haben.

Da diese Schätze in deinem Inneren sind, und dein Bewußtsein immer besser erkennt, was sie bedeuten, werden sie in äußeren Erfahrungen für dich offenbar. Laß uns eine Weile innehalten und darüber nachdenken, was für Reichtümer es im einzelnen sind. Diese Schätze, die du besitzt, weil sie dem Vater gehören, von dem du ein untrennbarer Teil bist, sind all die herrlichen Schätze der geistigen Freude, der Zufriedenheit des Herzens, des wahren Glücks, das unabhängig ist von Menschen und Orten. Was könnte höher oder wertvoller sein? Ein Bewußtsein von Schönheit, Licht, Liebe; die Schönheit der Natur, der Farben, der Formen. Du genießt das Licht der Sonne, des Mondes und der Sterne, auch das gedämpfte Licht, das durch die Bäume des Waldes scheint, und du freust dich an der Liebe, die du schenkst und wieder empfängst. Sanftmut wird dich erfüllen, wenn du demütig deinen Weg gehst, von Dank erfüllt gegenüber einem solchen Vater für das Wissen, das du besitzt. Alle diese und noch mehr Eigenschaften sind die unschätzbaren Reichtümer des Vaters, und damit auch die deinen. Wenn du sie im Inneren anerkennst, werden sie im Äußeren in Erscheinung treten, und dein Leben wird ein Ausdruck der Fülle aus des Vaters Vorratshaus der Liebe für dich sein.

Wie herrlich ist dieses Wachsen im Bewußtsein! Wie erfüllt ist ein so gelebtes Leben! Mein Kind, halte deine Augen immer auf das Ziel gerichtet, strebe nach einem immer höheren Stand des Verstehens und Erkennens. Auf jeder Stufe wirst du eine engere Gemeinschaft mit dem Einen fühlen, der den Weg mit dir geht. Sei nun heute gesegnet, da du mit mir, deinem Führer, weitergehst.

HALTE MEINE HAND FEST

Nachdem ich dich Tag um Tag gelehrt habe, jenen „Ort der Stille“ in deinem Sein zu finden, wo du das Bewußtsein hast, Du – Seele – bist vereinigt mit Mir – Geist – ist dies etwas sehr Wirkliches, sehr Lebenswichtiges für dich geworden. Es wird mit der Zeit immer wichtiger werden, daß du oft während des Tages innehältst und dich nach innen wendest, um Kraft zu schöpfen, die du auf keine andere Weise empfangen kannst. Manchmal wird die Welt und ihre Angelegenheiten dich in ihre Strudel und Wirbel der äußeren Aktivitäten hineinreißen. Willst du davon nicht erfaßt werden, sei still, wenn es auch nur einen Augenblick ist, lausche auf meine Stimme, und selbst durch das Getöse des irdischen Lärms wirst du sie vernehmen. Vielleicht ist sie nur wie das leise Rauschen des Windes in den Tannen, oder das Vorbeiziehen einer Wolke, oder das zarte Schwirren und Flattern der Flügel eines kleinen Vogels, aber fürchte nie, du könntest nicht erkennen, daß ich es bin, der aus der innersten Tiefe spricht, aus dem in dir spricht, was ewig ist. Verschließe dich niemals, auch nicht für einen Augenblick, dieser Stimme, dieser Vereinigung mit mir, denn wenn einmal die Tür geschlossen ist, ist es, als ob du in äußerer Dunkelheit wärst. In dieser Dunkelheit können Elemente frei werden, die du vorher vielleicht nicht einmal bemerkt hast. Furcht kann eindringen, auch Haß und Mißtrauen, alle die dunklen, negativen Mächte wollen ihren festen Platz einnehmen, und du wirst hin- und hergerissen und verwirrt. Du läufst hierhin und dorthin und findest keine Ruhe für deinen Körper und keinen Frieden in deinem Herzen. Aber das geschieht nur, wenn du meine Hand losläßt und eine Zeitlang glaubst, den Weg allein weitergehen zu können. Wenn es dir so zu ergehen scheint, wenn du glaubst, daß es nirgends mehr ein Licht gibt, komm schnell und berufe dich auf dein wirkliches Einssein mit dem Vater und ruhe wieder in seinen Armen der Liebe. Vielleicht ist es schwer, das zurückzugewinnen, was du scheinbar verloren hast, und es mag dir scheinen, als hätte ich mich sogar von dir gelöst, damit du aus eigener Kraft weitergehst, aber das ist nicht wahr. Diese Erfahrung will dir zeigen, wie schwer der Weg ist, wenn du ihn allein gehst. Felsen und Fallen liegen vor deinen Füßen, und wie mühevoll und einsam ist der Weg, wenn du ihn in Unkenntnis ohne deinen Führer gehst!

Menschen mit Erdenbewußtsein, die du triffst, wissen keine Lösung für deine Probleme, denn wie du sind sie vom Strudel der Verwirrungen erfaßt. Darum wird dein Herz von Dank erfüllt sein, wenn du wieder die Nähe des Meisters fühlst und seine liebevolle Zuwendung. Diese Zuwendung, die nur er geben kann, diese wahre Seelenfreundschaft kann dich befriedigen, sie allein und die Gemeinschaft mit jenen anderen, die wie du den Pfad hinaufgehen, der zum Seelenbewußtsein führt.

Oh, meine Geliebte, vergiß nie, daß wir *eins* sind und nie getrennt werden können! Immer warte ich im Inneren deines Herzens, um dir zu helfen, dich zu stützen und zu führen. Nie sollst du versuchen, die irdischen Probleme ohne meine Hilfe zu lösen.

HALTE DEINE LAMPE BRENNEND

Die Welt und ihre Angelegenheiten bedrängen dich sehr heute morgen. Du siehst viel, was an äußerer Aktivität notwendig ist, und es treibt dich, sofort das zu erledigen, was vor dir liegt; aber wisse, meine Liebe, daß, wenn du jetzt still bei mir bleibst, dieses Bei-Mir-Sein es möglich macht, diese Pflichten, die für dein physisches Denken so wichtig scheinen, zu bewältigen. Warum den Weg durch den Tag unvorbereitet beginnen? Ich möchte, daß du innehältst und mit mir sprichst, und wenn du so die Aufgaben, die du erfüllen möchtest, oder die kleinen und großen Probleme, die heute gelöst werden müssen, vor mich bringst, laß dich mit meiner Weisheit beschenken.

Wenn du den Pfad hinaufgehst, wirst du immer andere finden, die nicht wissen, wie sie diese Nähe mit dem Geist im Inneren finden, und sie werden mit dir über ihre Probleme und Kämpfe sprechen, und klagen wie einer, der keine Hoffnung hat. Viele von ihnen könnten oder möchten auch nicht die Anstrengung auf sich nehmen, zu verstehen, wie eng die Verbindung von Seele und Geist, wie nahe die göttliche Hilfe mit dem zu ihr gehörenden Frieden ist, wenn sie nur ihre Herzen öffnen würden, um ihn zu empfangen. Sie empfinden sich als rein physischen Körper und bewegen alle Höhen und Tiefen dieses Körpers in ihrem Herzen. Es wäre zu diesem Zeitpunkt ein großer Schritt für sie zu erkennen, daß sie in Wirklichkeit eine Seele sind, und als solche volle Kontrolle über ihren fleischlichen Körper haben. Du sehnst dich in deinem Herzen danach, mit ihnen darüber zu sprechen, ihnen den Weg zu zeigen, aber auf ihrem Entwicklungsstand könntest du ihnen nicht helfen. Geliebte meines Herzens, alles was du tun kannst, ist, das Einssein mit dem Vater zu leben und zu wissen, daß auch sie, obwohl sie es nicht erkennen, ebenso dieses gleiche Einssein haben. Durch stilles Wissen um diese Dinge und dein beständiges Bleiben im Hause des Vaters kannst du sie emporheben, und sie werden ein Gefühl des Friedens haben, das sie vor ihrem Zusammensein mit dir noch nicht hatten, ein Gefühl, als ob ihre Welt sich irgendwie geordnet hätte; und ich sage dir, daß jedes Gefühl des Friedens oder des Zurechtbringens die offenbar gewordene Gegenwart Gottes ist, obwohl sie als solche noch nicht erkannt wird.

Geh nun in deinen Tag und laß die Lampe deines Bewußtseins brennen. Hab keine Sorge, daß du nicht „den Samen aussäst“, wo ich den Boden bereitet habe. Ich werde mich immer um die Ernte kümmern, damit es eine reiche Ernte für meine Kinder wird.

DIE DUALITÄT DEINES GEMÜTS

Heute morgen will ich versuchen, es deinem Verständnis deutlicher zu machen, wie Ich – Geist – durch Dich – Seele – wirken kann, und somit auch durch dein Gemüt. Ich fühle, wie du dich oft fragst, ob die Wahrheiten, die ich dir in der Stille und oft auch in den geschäftigen Stunden des Tages vermittle, wirklich vom Heiligen Geist im Inneren kommen. Ich höre dich sagen: „Wie soll ich wissen, ob diese Botschaften nicht aus meinem eigenen Gemüt und Herzen kommen?“ Mein Kind, was ist dein Gemüt anderes als ein Instrument zu meinem Gebrauch? Als Du, als Seele, den physischen Körper annahmst, wurde dir auch das Gemüt gegeben. Die Seele kam in die physische Form als Mensch ausschließlich zu dem Zweck, um, vereint als Seele und Geist, die Werke Gottes auf der irdischen Ebene offenbar zu machen. Dies kann nur durch den Menschen, das physische Sein, geschehen. Damit der Mensch aber nicht nur reine physische Form sei, wurde ihm die Fähigkeit verliehen, die Seeleneigenschaften zu gebrauchen, die immer in ihm sind, da es die Eigenschaften seines eigenen, wirklichen Selbstes sind. Es wurde ihm das dem Vater innewohnende Recht gegeben, zu wählen, was er auf der Bühne des Lebens darzustellen wünscht.

Aus dieser Möglichkeit zu wählen, erwuchs seine Vorstellung vom Guten, das den Vater ausdrückte, und seine Vorstellung vom Bösen oder rein negativen Leben auf der irdischen Ebene. Und so kann dieses wundervolle Gemüt, mit dem er ausgestattet ist, als Kanal für Mich, Geist, benützt werden, damit ich es durchströme, oder es kann nur auf irdische Dinge ausgerichtet sein.

Wenn du einmal die Wahrheit erkennst, daß du und dein Vater *eins* ist, daß du nicht das bist, was die anderen sehen, nur physische Form, sondern Seele und als solche im Haus des Vaters wohnst, dann übernimmt dieses dein Gemüt seine wirkliche Aufgabe und wird mein Instrument für meinen Gebrauch. Es ist wie meine goldene Harfe, auf der meine Finger spielen, und jeden Ton der Schönheit, den ich wähle, bringt sie mit ihren Saiten hervor.

Noch einmal weist du darauf hin, daß du Gedanken hast, von denen du weißt, daß sie nicht von mir sind, andererseits scheint dein Gemüt oft dem zugewandt, was mir gleicht. Ja, das ist wahr, das Gemüt muß notwendigerweise in seinem Wesen dualistisch sein, solange du in deiner menschlichen Gestalt bist. Es ist ein äußerst sensibles Instrument, den irdischen Schwingungen und Einflüssen unterworfen, während es gleichzeitig meinem Gebrauch dient. Du, und nur du allein, als Seele, kannst den törichten Gedanken, die negative Anregung, ablehnen. Nur wenn du das anerkennst, was für dich das Höchste und Beste ist, kannst du lernen, zu unterscheiden, daß Ich es bin, der durch dich spricht.

Diese Belehrung ist nicht leicht zu verstehen, und nur durch stille Meditation wird dir die volle Wahrheit vermittelt werden. Es ist von größter Wichtigkeit für dich, zu erkennen, daß alles, was gut ist, von mir kommt. Ich spreche durch jedes freundliche Wort, das du sprichst. Mein Impuls löst jede freundliche Tat oder positive Handlung aus. Wenn du dies erkennst, wirst du bald feststellen, daß du dein Gefühl der Trennung von mir verlierst und wir wirklich als Einer wirken. Ich möchte, daß du während des ganzen Tages so völlig eins mit Mir – Geist – bist, daß der Gedanke der Trennung und die sich daraus ergebenden negativen Auswirkungen unmöglich werden.

Solange der Mensch glaubt, mich im Äußeren suchen oder zu mir zurückkommen zu müssen, mich nur an gewissen Orten und unter bestimmten Bedingungen anbeten zu können, solange kann ich nur teilweise durch sein Gemüt wirken. Mein Kind, es wird immer Zeiten geben, in denen es nicht leicht ist, meine Gegenwart zu erkennen. Darum ist es so notwendig, daß du diese stille Verbindung mit mir suchst, wenn es auch nur einige Augenblicke an jedem Tag sind, damit ich in dieser Stille meine schon so lange gegebene Verheißung erneuern kann: „Siehe, ich bin immer bei dir." Diese ruhigen Augenblicke werden dir helfen, das Bewußtsein zu entwickeln, daß ich wirklich eine lebendige All-Gegenwart bin, mit der du dich jederzeit und überall verbinden kannst, denn ich wirke immer durch dich und für dich.

Du hast diese Belehrung heute morgen gut aufgenommen, und es ist so, wie ich es wünsche. Bring alles zu mir, was dich verwirrt, was Zweifel oder Fragen aufwirft, damit wir zusammen, du und ich, das Problem durchsprechen, und dir meine Absicht in deinem Leben klar wird.

Geh nun mit meinem Segen und wisse, ich bin immer bei dir.

FREUDE ODER SORGE

Meine Liebe, der Tag scheint im Äußeren dunkel, aber im Inneren deines Herzens brennen die Tempellichter. Die Vögel singen, obwohl die Sonne nicht scheint, und im Inneren deines Herzens läuten auch die Tempelglocken. Wie wunderbar ist es, wenn man den Weg findet. Ganz gleich wie die äußeren Bedingungen sind, es gibt einen Ort, wo immer Licht und Musik und Freude ist.

Wenn wir so zusammen den Bergpfad hinaufsteigen, mein Kind, lernst du immer mehr, meine Gegenwart als sichere Realität für dich zu empfinden.

Bei unserem ruhigen Gespräch heute morgen möchte ich dir gerne verständlich machen, daß dieses höhere Bewußtsein, nach dem du strebst, etwas ist, was allmählich wächst. Ich habe dir schon oft empfohlen, jede Belehrung, die ich dir gegeben habe, aufmerksam zu beachten. Jede ist ein wichtiger Schritt und soll dich ein Stück weiter auf dem Weg voranbringen.

Nimm jede an und bemühe dich, das, was sie lehrt, in deinem Alltag anzuwenden. Wisse, daß jede Überwindung, jeder noch so kleine Sieg über die Sinne, jedes etwas bessere Verstehen der vor dir liegenden Wegkarte dich meine Gegenwart als liebevoller Führer tiefer empfinden läßt. Ich bin dir näher als die Luft, die du atmest. Jeder Tropfen deines Herzblutes ist auch ein Blutstropfen meines Herzens. Alles, was dich, mein Kind, bewegt, bewegt auch mich. Das vielfältige Muster, das du Leben nennst, setzt sich aus so vielen Kleinigkeiten zusammen. Ein wenig Arbeit, Spielen, kleine Freuden, Ärger und Enttäuschungen, Sorgen, bei denen du einen bitteren Kelch trinkst. Denke nie, ich sei nicht da, ich warte voll Achtsamkeit darauf, dir zu helfen und diese Erfahrungen mit dir zu teilen. Ich teile alle deine Freuden und deine Sorgen, seien sie groß oder klein. Oft wenden sich meine Kinder an mich in Zeiten der Not und des Kummers, aber nicht in Zeiten der Freude. Sie drücken ihre Freude an ihr Herz und vergessen, daß ich auch Freude bin.

Wenn du dieses Gefühl des Einsseins erlangst, das ich so sehr für dich wünsche, wenn du dir als Seele bewußt wirst, wenn du meinen sanften in dir wohnenden Geist voll erkannt hast, dann teilen wir bewußt alles miteinander. Immer wirst du dich schnell mir zuwenden und mein Angesicht erkennen, meine Stimme vernehmen können, wie ich mich mit dir freue oder dich sanft ermahne, und wenn der Weg schwer ist, wirst du fühlen, wie ich dich zärtlich umarme, dir helfe und dir meine Kraft schenke.

Dies, Geliebte meines Herzens, ist wahre Kameradschaft, und ich sehne mich danach, daß du und meine anderen Kinder dies erkennen. Ich helfe nicht nur in Zeiten der Not, sondern ich bin immer da, ein Teil von dir und von allem, was dein Leben berührt. Geh weiter, sei nicht entmutigt, wenn Augenblicke kommen, an denen es schwer scheint, meine Gegenwart zu fühlen. Wisse, ich bin auch dann da, und bald werden sich die Nebel, die dein Bewußtsein von mir trennen, auflösen, und du wirst ein noch tieferes Gefühl des Einsseins mit mir haben als je zuvor.

GIB UND NIMM NACH BEDARF

Versage keinem Menschen das, was ihm zusteht. Diese Worte enthalten ein großes Gesetz. Wenn du dieses Gesetz in deinem Alltag erfüllst im Umgang mit anderen, die du auf deinem Lebensweg triffst, wird es auf dich zurückstrahlen mit einem Überfluß an allem, was du wünschst. Laß uns dieses eben erwähnte Gesetz eine Weile überdenken, ehe wir unseren Weg weitergehen. Oft versagen wir anderen unwissend vieles, was ihnen zusteht. Du sagst: „Ich zahle alle meine Schulden, ich schulde niemand auch nur einen Pfennig, ich beachte sehr sorgfältig alle meine Verpflichtungen.“ Mein Kind, die Münze, mit der du zurückzahlst, ist ja nur ein Symbol, ein materielles Zahlungsmittel. Diese Dinge bezahlst du wirklich denjenigen, denen du sie schuldest.

Laß uns davon reden, was wir anderen schulden und so oft vorenthalten. Da ist zuerst das aufmunternde Wort gegenüber dem, der sich bemüht, einen Fehler zu überwinden oder einem, der versucht, in ein höheres Bewußtsein von Recht und Unrecht hineinzuwachsen. Du magst eine andere Vorstellung davon haben, wie er den Fehler überwinden, oder wie ein anderer im Bewußtsein wachsen sollte, aber sie versuchen es auf ihre Weise. Versage ihnen nicht dein Wort des Zuspruchs, das sie ermutigen wird, und das ihnen zusteht. Sprich auch ein Lob aus, wo es angebracht ist. Es gibt so viele kleine Gesten guten Willens, die das Herz eines Menschen erheben, der es gerade zu diesem Zeitpunkt braucht. Wenn du merkst, daß du ganz unabsichtlich etwas getan hast, was einen anderen verletzt, halte nicht die Worte zurück: „Es tut mir leid“. Du wirst damit schnell eine kleine Wunde heilen, ehe sie zu einem ernsten Hindernis für euch beide werden kann. Siehst du nun, wieviel ihr einander schuldet, und was das göttliche Gesetz der Bruderschaft fordert, das du geben sollst, wenn du deinen Weg weitergehst?

Oft wird sehr viel von dir verlangt, und du hast das Gefühl, daß du nicht immer geben solltest auf deinem ganzen Weg, sondern genau in Betracht ziehen, welches der Weg der Seele bei diesem Geben ist. Es gibt noch einen anderen Aspekt dieses Gesetzes: Du, wie jeder andere, mußt auch erhalten, was dir zusteht. Versage dir nicht selbst, was dein eigen ist. Achte es nicht gering. Verdränge den Gedanken nicht, daß du, als des Vaters Kind, ein Recht hast auf die Fülle der Gaben des Vaters.

Nimm diese Gaben an, sie sind dein eigen. Wenn du so dieses Gesetz des Gebens und Nehmens bejahst und erfüllst, werden deine Schatzkammern nie leer und dein Herz immer voll Freude sein, denn es ist frei von allem, was du einem anderen schuldest und erfüllt von meiner Liebe. Da du ohne Zögern Lob, Ermutigung und Liebe schenkst, wird dies alles auch dir gegeben werden. Auch bei deiner Arbeit, welcher Art sie auch sei, werden an deine physischen Fähigkeiten, die du dabei einsetzt, Anforderungen gestellt. Achte sorgfältig auf jede und gib deinem Körper, was ihm zusteht. Gehe achtsam mit dem um, was dein eigen ist, und es wird dir dienen. Du lebst auf der irdischen Ebene und mußt dich ihren Gesetzen anpassen. Du bist sozusagen ein Gast auf dieser äußeren Welt, sieh zu, daß du ein rücksichtsvoller Gast bist. Solange du in deinem physischen Körper wirkst, schuldest du ihm gewisse Dinge, ich möchte sie Aufmerksamkeiten nennen. Gib der Hülle, in der du als Seele lebst, das, was ihr zusteht. Wenn die Zeit kommt, und du diesen Körper nicht mehr brauchst, wirst du die Belehrungen der Erde gut gelernt haben und bereit sein, jene Gesetze zu lernen und ihnen ebenso zu gehorchen, die du in dem neuen Leben antriffst, in das du dann eintrittst.

Komm, laß uns aufstehen und weitergehen. Sieh, wie du heute viel denen schenken kannst, die dir begegnen.

MEINE LIEBE, ICH BIN ES

Ich bin es, fürchte dich nicht. Manchmal scheint der äußere Druck der Dinge dein Bewußtsein völlig zu beherrschen. Du denkst, du unterdrückst die Angst, und du versuchst es auch wirklich, aber der Tumult der Welt bedrängt dich von allen Seiten und macht es schwierig, meine Stimme zu hören, und es ist schwer für dich, meine Gegenwart zu erkennen. Du hast dann den Eindruck, du seist nur ein physisches Wesen, das darum ringt, in einem rein physischen Universum weiterzukommen. Die Dinge und Ereignisse der Welt beherrschen dich völlig, und es scheint, als gäbe es nirgendwo Ruhe und Frieden. Halte ein und denke nach. Hat irgendetwas von diesen Dingen der physischen Welt Macht in sich selbst? Was in der äußeren Welt hat die Kraft des Windes, der bläst, wo er will? Kann der Mensch mit seiner Kraft oder Weisheit ihn aufhalten? Wer kann den Regen daran hindern, vom Himmel zu fallen, sei es in wilden Stürmen oder in sanften Sommerschauern? Wer kann die Sonne scheinen lassen, oder sie daran hindern? Ich, und nur ich allein habe die Macht, das zu vollbringen. Alle Macht ist mir unterstellt, Mir, der Schöpferkraft des Universums.

Aus meinem Schöpfungsakt ist der Mensch hervorgegangen mit seinen physischen Eigenschaften, mit denen er wie ein Kind spielt und Bedingungen und Situationen schafft, die er in seiner Welt zu manipulieren scheint. Aber fürchte dich nie! Hinter diesem ganzen äußeren Bild stehe ich in meiner Erhabenheit. Ich habe meinen Thron nicht abgegeben an den Menschen, noch meine Macht in seine Hände gelegt. Ich beobachte und warte. Ich ziehe die zu mir, die bereit sind, und in deren Bewußtsein ich gegenwärtig bin.

Komm, meine Liebe, wende dein Sehen und Denken ab von dem äußeren Bild, ganz gleich, was es an Gutem oder Bösem festzuhalten scheint. Es gibt nur eine Wirklichkeit, und diese verändert sich nicht. Du wirst gehalten, nahe am Herzen des Vaters. Du bist das Kind des Vaters, und diese äußeren Verwirrungen können dich weder verletzen noch vernichten.

Die Seele, die du immer in der Wirklichkeit gewesen bist, noch ehe die Zeit begann, ist unzerstörbar. So, wie du täglich im Seelenbewußtsein und Wissen deiner Beziehung zu Mir – Geist – wächst, so wächst du auch an Weisheit sowohl in geistigen als auch in irdischen Dingen. Da in dir auch die Kraft wächst, vom Standpunkt des Seelenbewußtseins deine Angelegenheiten zu ordnen, werden dich die Umstände oder Bedingungen der äußeren Welt nicht beeindrucken. So laß nun deine Hand in der meinen ruhen. Mein Kind, wir wollen weitergehen in den Tag hinein, was er auch bringen mag. Wisse, wenn du so den Weg mit mir gehst, gehst du in Frieden und Sicherheit.

VERGANGENHEIT UND GEGENWART

Alle früheren Erfahrungen, die deine Seele gehabt hat, haben dich zu dem Augenblick geführt, an dem du fähig warst, meine Stimme von den anderen Stimmen, die deine Ohren zu erfüllen scheinen, zu unterscheiden. Wie treu habe ich dich in den vergangenen Tagen und Jahren geführt, obwohl du es so selten als meine Führung anerkanntest. Heute morgen möchte ich, daß du dich für einige Augenblicke der Vergangenheit zuwendest. Du siehst viele Fehler, die du gemacht hast. Diesen Fehlern begegnete ich mit Nachsicht, denn ich wußte, daß zu jener Zeit dein Bewußtsein noch nicht weit genug entwickelt war in der wirklichen Bedeutung des Lebens, im Erkennen und Verstehen der Dinge, die du tatest. Die Vergangenheit schenkte dir auch viele Freuden. Sie wurden angenommen und genossen, aber auch wenn du täglich im Gebet dafür danktest, so war es doch ein Dank an jemand, der weit weg war, ein Wesen von großer Herrlichkeit, das diese Gunst jederzeit wieder zurückziehen konnte. Darum nütztest du jede Freude, die sich dir bot, voll aus. Auch Leid kam in dein Leben, so wie es immer auf dieser Erde ist. Auch das nahmst du als von Gott geschickt an, und du warst geduldig und tapfer und ertrugst es als deinen dir zustehenden Anteil am irdischen Geschehen. Nun aber, meine Liebe, liegen diese Dinge hinter dir. Sie gehören zur irdischen Ebene und zum irdischen Denken. Du bist in einer neuen Ära, du bist emporgestiegen und herausgetreten aus dem Tal der Schatten und des nebelhaften Denkens. Du hast eine höhere Bewußtseinsstufe erreicht, die Sonne scheint, und die sanfte Brise meiner Gegenwart umgibt dich. Du – Seele – grüßt Mich – Geist – beim Anbruch des neuen Tages. Wir vereinen uns, und ich bin der Geliebte deiner Seele. Zusammen gehen wir weiter, erfüllt von dem Bewußtsein, das keine Trennung kennt.

Deine Freuden sind nun meine Freuden, es sind die Freuden einer erwachten Seele, die von Ewigkeit zu Ewigkeit fortdauern. Die Dinge der Erde, die dein Äußeres mit Traurigkeit berühren, berühren nur die äußere Hülle, denn das wirkliche Du steht aufrecht und sicher in dem Wissen, daß alle Macht in meinem Geist gegründet ist, und nun weißt du, daß wir *eins* sind.

Da ist noch etwas, wovon ich reden muß. Bei deinem jetzigen Verständnis würde das, was du nun tun könntest, und was dein Bewußtsein von mir abziehen könnte, eine schnelle Reaktion hervorrufen, für die du genau Rechenschaft ablegen müßtest.

Du bist frei in dem Wissen, das du hast, aber du bist auch gebunden. Alles, was du tust oder sagst, kehrt rasch zu dir zurück zum Segen oder Fluch. So sei nun achtsam, hüte dich vor den kleinen Fallen negativen Lebens, Denkens und Sprechens und vor größeren Fehlern und Missetaten. Halte dein Bewußtsein auf mich ausgerichtet, und wenn du so deinen Weg weitergehst, wirst du ein Segen sein für alle, die mit dir in Berührung kommen. Du bist eingehüllt in meine Segnungen, wenn du um die Sonne meiner Gegenwart weißt und sie anerkennst. Ich segne dich, wenn wir so zusammen weitergehen.

MEIN IST DER KAMPF

Warum lebst du in äußerer Unruhe, wenn du durch ein sofortiges Dich-Zurücknehmen an einem Ort des Friedens sein kannst? Wie überaus real ist heute morgen für dich das Reich des Äußeren. Dieses Reich bringt nur Verwirrung und Uneinigkeit. Berichte über Krieg und phantastische Spekulationen über zukünftige Ereignisse tragen Furcht in viele Herzen. Wohin kannst du gehen in der Welt der Vergänglichkeit, wo du Frieden finden kannst? Wer in diesem Zustand der

Verwirrung lebt, wird im Widerstreit hin- und hergerissen. Die Menschen sind von Sorgen erfüllt und fragen sich, was jeder Tag bringen mag. Aber du, meine Liebe, die du den süßen Frieden meiner Gegenwart und die Stille im Heiligtum der Seele erfahren hast, weißt um einen Ort der Ruhe, abseits von diesen irdischen Verwirrungen. Das bedeutet jedoch nicht, daß ich will, du sollst dich zurückziehen und wie ein Vogel Strauß den Kopf in den Sand stecken oder unterlassen, was an irdischen Pflichten von dir getan werden sollte. Ich wünsche für dich heute morgen, daß in dir ein ruhiges Wissen um meine Gegenwart ist, ein stilles Erkennen der Wahrheit, ein sicheres Wissen, daß Du – Seele – vereint mit Geist, nie in Verwirrung geraten kannst. Auch wenn du die äußeren Umstände um dich betrachtest, ist Friede in deinem Herzen, ein Friede, der nicht gestört werden kann. Dieser Friede in dir wird sich im Äußeren widerspiegeln, so daß du, wohin du auch gehst, die aufgewühlten Wasser zur Ruhe bringen kannst. Andere werden deine innere Ruhe fühlen und sie von dir übernehmen. Auf diese Weise wird es dir möglich sein, mehr zur Schaffung des Friedens zu tun unter denen, die um dich sind, als auf irgendeine andere Art. Schon früher sagte ich zu dir, ich habe meine Herrschaft nicht abgetreten. Halte dies ganz fest. Auf dieser Verheißung kannst du deine Ruhe und deinen Frieden aufbauen. So geh nun weiter, Geliebte meines Herzens. Du wirst nicht allein gelassen in deinem Kampf mit irdischen Mächten. Ich erschuf den Menschen und gab ihm die Macht, in physischer Gestalt zu wirken. Ich erlaubte ihm, zwischen gut und böse zu wählen, aber noch halte Ich alle Dinge in der Höhlung meiner Hand. Wenn auch Sturmwolken schwer über dem Land zu hängen scheinen, so soll doch mein Regenbogen der Verheißung durch alles hindurchscheinen, der Verheißung, daß meine Sonne der Gerechtigkeit aufgehen und über aller Welt scheinen wird; und meine Friedenstaube wird über alle Völker fliegen. Aber es wird ein Friede sein, den Ich schaffe. Ich, für den alle Menschen Brüder sind, werde keinen anderen Frieden zulassen. Mein Königreich wird nie vergehen, ein Reich, aufgebaut auf Liebe, Vertrauen und Gerechtigkeit. Es muß notwendigerweise geboren werden aus Mühe und Kampf, denn das sterbliche Denken gibt nicht leicht den Weg frei, aber es wird geboren werden. Dann müssen alle Menschen die Wahrheit erkennen, daß es nur e i n e n Gott und e i n e Macht gibt, gegen die der Mensch nicht kämpfen und Krieg führen kann. Die Erde wird mein Wohnsitz sein, denn die Menschen werden lernen, in ihrem Herzen meine wirkliche Gegenwart zu finden. Tag um Tag wenden sich immer mehr Seelen mir zu und erwählen mich als ihre wahre Zuflucht. Eine neue Zeit wird anbrechen, und noch einmal sage ich: Mein ist der Kampf.

STILLE KRÄFTE

Heute morgen möchte ich mit dir von den großen Kräften sprechen, die der Mensch nicht sieht und oft nicht kennt. Im Äußeren, wo der Mensch mit vergänglichen Dingen umgeht, werden viele Kräfte zur Schau gestellt, und ist große Aktivität. Da wird die Kraft von Panzern und Kanonen gezeigt und von all den materiellen Dingen, die der Mensch erdacht und hergestellt hat, um durch sie Macht über andere Menschen zu haben. In meinem Königreich, dem Reich des Inneren, ist es nicht so. Durch meine Kraft geht die Sonne auf und unter, aber es ist ein ruhiges Geschehen. Sie strahlt ihre Hitze aus um die Mittagszeit, still, und doch mit welcher Kraft. Der Nebel zieht herein vom Ozean, ruhig auf Flügeln von Silber; Ebbe und Flut wechseln sich ab, aber auf dem Grund des Ozeans, wo diese Kräfte erzeugt werden, ist eine große Stille. Der Same liegt in der Erde und wächst zu einem mächtigen Baum heran, und dieses ganze Wachstum geht ruhig vor sich. Was im Reich des Materiellen hat die Kraft, aus einem Samenkorn einen weit ausladenden Baum mit seiner herrlichen Kuppel von Blättern zu schaffen, oder die Melodie in die zarte Kehle des Vogels zu geben, der in den Zweigen zwitschert? Oh, meine Liebe, versuche meine verborgene Kraft zu fühlen, wie sie durch dich strömt.

Nur wenn Mir – Geist – mehr und mehr die Seele, die Du ist, überlassen wird, kann diese Kraft, von der ich spreche, deinem physischen Sein nützen, so daß es die Wunder meiner Gegenwart widerspiegeln kann. Bleibe gelassen und ruhig. Viel Reden und Hin- und Herlaufen vermittelt dir keine Kraft. Nur wenn du still wirst, kannst du mich erkennen, Mich, der in deiner Seele lebt. Nur auf diese Weise kannst du dahin kommen, meine Macht anzuwenden, so wie es dir zugedacht ist, sie zu gebrauchen.

Wenn du im Garten spazieren gehst, fühle meine Kraft, wie sie aus der Erde strömt und wisse, ich bin bei dir. Erkenne meine Kraft hinter allem Schönen, das du siehst. Meine Kraft ist schön und ist in allem, was aufbauend und gut ist. Der Mensch wendet so oft Macht an, die er an sich reißt, um zu zerstören, und weiß nicht einmal, daß hinter all dem, was er sieht, die Macht steht, die zur Zerstörung nicht benützt werden kann.

Wende meine Kräfte an, mein Kind, denn ich gebe sie großzügig allen, die sie annehmen wollen. Immer, wenn du etwas Aufbauendes, Positives tust, das anderen hilft, gebrauchst du meine Kräfte. Sie durchströmen dich bei allen Aufgaben, die du gut erfüllst.

Komm, laß uns weitergehen,.höher hinauf, dein Bewußtsein ist offen für das, was du heute morgen tun sollst.

VERBORGENE DÜFTE

In deinem Inneren hast du viele Eigenschaften, die dir nicht bewußt sind. Sie sind wie schöne Flaschen von kostbarem Parfüm, die du in Schränke eingeschlossen und vergessen hast. Dies sind Seeleneigenschaften, die immer für deinen Gebrauch und deine Freude bestimmt waren. Aber eine um die andere wurde hinter den Türen materiellen Denkens, materieller Wünsche und Impulse weggeschlossen; einige mit ihrem süßen Duft hast du früher benützt und dich an ihnen erfreut, nun aber seit langem vergessen. In der frühen Kindheit sind viele dieser Seelendüfte vorherrschend. Als Kind sahst du das Leben nicht aus der Sicht der Vernunft oder der Logik. Du schautest in kindlichem Vertrauen in die Augen des Vaters. Du freutest dich an den Wolken, dem Sonnenschein, den Vögeln. Du liefst herum und spieltest, und deine Seele freute sich an einfachen Dingen. Du sahst Gottes Angesicht in dem klaren Teich, und dein ganzer Tag war erfüllt von Freude. Aber im Lauf der Jahre kommt das Kind auf die irdische Ebene herab, und die Duftflasche mit der Aufschrift „Einfachheit" wird in einen Schrank weggestellt. Das Leben wird vielschichtiger, und was einst kindliche Freude war, vergeht, da die mehr materiellen Lebensphasen auf der irdischen Ebene in den Vordergrund rücken. Andere Düfte werden vergessen und weggestellt, Vertrauen, oder sollen wir Glauben sagen. Wenn du in eine schwierige Situation kommst, und es Zeit wäre, sie zu gebrauchen, damit ihr himmlischer Duft dich umgibt, mußt du innehalten und denken: „Wo ist denn mein Glaube geblieben, habe ich ihn denn nicht mehr?"

Ich könnte noch andere nennen, mein Kind, aber du wirst selbst wissen, welche von diesen Seeleneigenschaften du beiseite gestellt und hinter Türen verschlossen hast. Es gibt noch andere, die du nie benütztest oder dich daran erfreutest, und die dir nicht einmal bewußt sind. Diese Duftflaschen wurden nie entsiegelt, und du kennst nicht den kostbaren Duft, den sie enthalten. Wenn dein Seelenbewußtsein wächst, wirst du erkennen, daß es Seeleneigenschaften sind, und du wirst sie hervorholen und die Kristallflaschen öffnen und ihren wundervollen Inhalt ausströmen lassen für alle, die um dich sind, damit sie ihn mit dir teilen. Meine Liebe, Geist und nur Geist allein weiß, was für verborgene Seeleneigenschaften dies sind, und wie sie entwickelt werden sollen. Erst wenn Seele und Geist *eins* geworden sind, wird der Ort, wo sie verborgen sind, dir gezeigt werden, und erst dann können sie sich im Äußeren offenbaren zu deinem Gebrauch. Jeder Sieg über das Ich und über materielle Dinge, jeder Schritt zu einem höheren Bewußtsein bringt dich dem Augenblick näher, an dem der innere Reichtum der Seeleneigenschaften in all seiner Herrlichkeit zum Vorschein kommt. Dann wirst du Tag um Tag die verborgenen Düfte finden und sie mit anderen teilen, wenn du den Pfad weiter mit mir hinaufsteigst. Dadurch, daß du andere daran teilhaben läßt, wirst du mehr und mehr die verborgenen Düfte deiner Seele finden.

FALLE NICHT IN DEN GRABEN

Meine Liebe, gib acht, daß du nicht in den Graben negativen Denkens fällst. Wenn du heute morgen um dich schaust, siehst du, wie überall Negatives zum Ausdruck gebracht wird. So schnell bist du darin verwickelt, und wie wertlos ist das für dich, Seele. Als Seele kannst du beiseitetreten und das Negative an dir vorbeigehen lassen wie ein Bild auf der Bühne des Lebens, denn Du, dein wirkliches Selbst, wird davon nicht berührt. In deinem geistigen Reich bist du unangetastet und unbeeinflußt. Wir wollen dies einige Augenblicke näher betrachten, damit du diese Belehrung heute in deinem Alltag anwenden kannst. Ich will nicht, daß du deine Augen verschließt vor den bestehenden Verhältnissen auf der irdischen Ebene. Ich habe dir schon oft gesagt, daß du ein Gast auf dieser Ebene des physischen und mentalen Wirkens bist, und als Gast sollst du höflich sein und dich nicht zurückziehen von den Problemen der Menschen um dich, sondern du sollst die Probleme der Welt beachten. Solange du auf dieser Erde bist, mußt du oft eine Entscheidung treffen und dich dafür einsetzen, aber die Seele – Du – soll dabei nicht in Unruhe oder Verwirrung geraten. Könnte ich dir doch heute morgen verständlich machen, daß du wirklich Seele bist, und als solche die Hilfe und die dich leitende Gegenwart meines Geistes hast; dies wird dir eine ruhige Sicherheit vermitteln, so daß du durch die Welt gehen und deinen Anteil an diesen Problemen übernehmen kannst, dabei aber ausgeglichen und positiv eingestellt bleibst und so allen, die mit dir arbeiten, Vertrauen vermittelst.

Diese „Grube“ negativen Denkens ist verführerisch. Sie ist wie ein Graben entlang unserem Pfad, den wir hinaufsteigen. Jeden Augenblick kannst du ausrutschen und stolpern, und nur wenn du unaufhörlich meine Hand festhältst, wirst du dem schmalen, oft steilen Pfad in die größere Höhe des Bewußtseins folgen können, zu dem wir uns aufgemacht haben. Oft wirst du dich freuen und glauben, neue Höhen erklommen zu haben, und so ist es auch, aber sei in solchen Augenblicken besonders vorsichtig, denn der Graben ist ganz nahe. Wenn du auch nur einen Augenblick in seine Richtung siehst, kannst du ausrutschen und schon steckst du im Schlamm negativen Denkens und Redens. Dies verursacht schnell Verwirrung und Furcht. Plötzlich wird der Himmel, eben noch klar und blau über dir, ein Nebelmeer sein. Du fragst dich, wie es zu diesem Zustand kommen konnte, und die Verwirrung wird noch schlimmer.

Wenn du in diesem negativen Zustand bist, hast du viel Gesellschaft. Diese Menschen sind auch voll Unruhe und Verwirrung, und du kannst ihnen nicht helfen, noch können sie dir Hilfe leisten. Es ist sogar so, daß einer den anderen noch tiefer in den Graben hinunterzieht. Wenn du in einem solchen Augenblick dein Gemüt beruhigst und zurückfindest zu einem wirklichen Fühlen meiner Gegenwart, wirst du erfahren, daß ich dir schnell aus dem Graben heraushelfen kann, und Du – als Seele – wirst dann wieder mit Mir – Geist – in Vertrauen und Frieden weitergehen. Wenn wir so unsere Reise überblicken, wirst du feststellen, daß wir oft allein wandern. Nur wenn du so allein mit Mir – Geist – gehst, kannst Du, als Seele, die Reise in das höhere Bewußtsein machen. Wenn du so wanderst, wird es dir möglich sein, anderen zu helfen, die auf dem Weg sind, und in gleicher Weise wird dir geholfen. Durch die Stärke, die dir zufließt, wenn du viel mit mir allein bist, wird es dir auch möglich sein, einem anderen zu helfen, der darum ringt, aus der Grube der Mutlosigkeit herauszufinden auf den Weg, der zum Vaterhaus führt.

So sage ich dir nun für heute und für alle Tage: Richte deinen Blick nach vorn, halte meine Hand fest und verlasse dich auf meine Verheißung, daß ich dich liebe und führe. Dann wirst du nie in Gefahr kommen, in den Graben zu fallen.

ICH SPRECHE MIT DIR

Meine Liebe, ich bin immer bei dir und spreche mit dir, so wie ich in meinem ganzen Universum bin, aber so wenige meiner Kinder hören meine Stimme. Darüber möchte ich heute morgen mit dir reden. Da du weiter den Berg meines Bewußtseins hinaufgehst, ist es sehr wichtig für dich, die Wahrheit zu kennen. Du mußt erkennen, wenn ich zu dir spreche,und lernen, rasch zu gehorchen. Du fragst jetzt, wie du immer mit Sicherheit erkennen und wissen sollst, daß die Stimme des Geistes zu Dir – Seele – spricht. Ich weiß, daß viele Stimmen um dich herum sind, die dich verwirren können. Es ist wie beim Radio, wenn du nicht genau eingestellt bist auf den Sender, bekommst du ein Durcheinander von Tönen und bist nicht sicher, ob du den Sender hast, den du hören willst. So gebe ich dir nun die erste Richtlinie, damit du meine Stimme hören und von anderen unterscheiden kannst. Achte darauf, daß du auf den Sender GEIST eingestellt bleibst. Dein Empfänger SEELE muß bereit sein aufzunehmen; dann wird es keine Unklarheit geben. So eingestimmt zu bleiben erfordert, daß du immer in meiner Gegenwart bleibst. Damit meine ich nicht, daß du stundenlang in Trance-ähnlicher Meditation verweilst; du sollst auch nicht versuchen, deinen Körper bewußt zu verlassen. Nein! Der physische Körper ist ein Instrument, das dir für dein derzeitiges Wirken gegeben wurde. Wenn du aus ihm heraustreten sollst, wird es zu dem von mir gewählten Zeitpunkt sein. Was ich mit dem dauernden Üben der Gegenwart meine, ist folgendes: Wenn du deiner täglichen Arbeit nachgehst, lerne die Gegenwart des Geistes in allem zu fühlen, was du tust. Wisse, daß die Kraft und Intelligenz, die dir gegeben wird, um diese Arbeit tun zu können, Geist ist, der durch dich fließt. Halte oft einen Augenblick inne und lausche, und sanft und zart wirst du eine Führung, eine Warnung oder einen Segen erfahren, je nach den Umständen, in denen du gerade bist. Auch sollst du lernen, mich überall in der Natur zu sehen, und meine Stimme zu hören. Der Vogel, der draußen vor dem Fenster singt, benützt die Gabe des Gesangs durch meine Kraft. Die Blumen, die blühen und ihren Duft verströmen, tun dies durch die gleiche Kraft. Alles Leben kommt aus mir und wird von mir gelenkt.

Oft sehnen sich meine Kinder gar nicht danach, mich sprechen zu hören, noch bitten sie darum, besser wahrnehmen zu können, daß Geist sie führt und ihren Weg ebnet. Auf der irdischen Ebene werden die, die selten mit anderen sprechen, auch selten angesprochen. So ist es auch auf der geistigen Ebene. Wenn du mit mir sprichst, wenn du darum bittest, meine Stimme zu hören, öffnen sich Kanäle, die dies möglich machen. Wenn dann die direkte Antwort auf dein gesprochenes Wort kommt, gibt es dann noch einen Zweifel, daß deine Seele auf meinen Geist eingestimmt ist? Wie töricht ist es, hin und her zu laufen in unklarem Denken und unsicherem Wissen. Wie schwach und hilflos fühlst du dich unter gewissen Umständen. Sprich zu mir in solchen Zeiten, denn Ich bin dein wirkliches Leben. Mein Ohr ist gegen deine Bitte nie verschlossen, und meine Stimme verstummt nie, wenn dein Ohr auf mich eingestimmt ist. Wie schon früher, weise ich dich noch einmal darauf hin, keine laute Stimme zu erwarten, die wie eine Trompete in deinem Ohr tönt, ich komme leise zu dir. Meine Stimme ist so leise und sanft, daß keiner je durch sie aufgeschreckt oder irritiert wird. Bald wirst du sie erkennen lernen, und dann wird ein Band der Vereinigung zwischen Mir – Geist – und Dir – Seele – sein, daß du nicht einmal für einen Augenblick mich mit einem anderen verwechselst.

Ich gebe dir diese Belehrung jetzt, denn es ist in den kommenden Tagen äußerst notwendig für dich, genau zu wissen, wie du um direkte Führung bitten und sie empfangen sollst. Je mehr du dich in deinem Bewußtsein öffnest, umso mehr wächst deine Verantwortung gegenüber meinen anderen Kindern und für deine eigene Seele. Das, was du aus rein irdischem Bewußtsein tust, kommt schnell auf dich zurück und muß rasch weggeräumt werden, ehe es einen schädlichen Einfluß auf dich ausübt. Mehr und mehr atmest du die Luft der größeren Höhe, und alles überflüssige Gepäck negativen Denkens und Redens muß am Wegrand abgelegt werden. Die Seele muß weiter und höher hinauf zu ihrem Ziel, ungehindert von irdischem Denken und Tun. Dann wird dein irdisches Sein die Herrlichkeit des himmlischen Seins annehmen, und dann wirst du wirklich leben, im Königreich mit mir.

NAHRUNG FÜR DIE SEELE

Meine Liebe, wir sitzen heute morgen ruhig beisammen, ehe du die Pflichten des Tages aufnimmst, und ich fühle einen Hunger in deinem Herzen nach Nahrung für deine Seele. Ich habe es schon oft gesagt, und ich will es wiederholen: Im Inneren, wo Seele und Geist sich begegnen, ist der einzige Ort, an dem das wahre Brot des Lebens zu finden ist. Ich erkenne jedoch auch, daß du bei deinem Leben unter irdischen Bedingungen, wo Belange des Körpers und des Gemüts eine große Rolle in deinem Tagesablauf spielen, oft das Bedürfnis hast nach Inspiration und Hilfe von der äußeren Ebene, auf der du in diesem Augenblick wirkst. Du hast das Bedürfnis, von denen, die das gleiche Denken und Bewußtsein haben wie du, gestärkt zu werden. Es wird dir Gelegenheit gegeben, diese Hilfe bei jenen anderen Seelen zu finden, die zum höheren Bewußtsein streben. Aber wenn es die Umstände nicht zulassen, daß du diese mentale Stärkung erfährst, dann wisse immer, daß dies letztlich nicht das Wesentliche für dich ist.

Die größte Kraft, die du je empfängst, ist, wenn du dich still nach innen wendest und mir erlaubst, deine Seele zu nähren, denn ich, und nur ich, habe das Brot, das keinen Stein enthält. Erkenne dieses Wunder heute morgen, mein Kind. Es gibt keine Umstände, noch Bedingungen, noch irgendeinen Ort, wo wir, Du – Seele – und Ich – Geist – je getrennt sind. In jedem Augenblick, an jedem Ort, hast du Zutritt zu dieser Nahrung, die nur ich dir geben kann.

FREUNDSCHAFT

Du sprichst von Freunden, bei denen du das Gefühl hast, eins mit ihnen zu sein, und die dir ein Bewußtsein von mir vermitteln. Ja, sie sind dir gegeben zu eurer gegenseitigen Hilfe und Ermutigung. Jedoch Freunde müssen wieder auseinandergehen, aber wir trennen uns nicht in Ewigkeit. Laß uns eine Weile über Freundschaft reden. Freundschaft ist etwas, was tief in deiner Seele zu wachsen beginnt. Es ist eine der Lebenswahrheiten. Du begegnest jemand und sofort ist zwischen euch eine tiefe Übereinstimmung, die aus der Harmonie von Seele und Geist kommt. Es ist wie eine äußere Manifestation dieses herrlichen Gleichklangs. Das ist wahre Freundschaft. Sie war vor Beginn der Zeit und ist ohne Ende, denn sie ist ein Teil der ewigen Eigenschaft göttlicher Liebe. Wenn du diese Erfahrung machst, wirst du erkennen, daß du durch nichts, was je geschehen mag, von einem solchen Freund im Geistigen getrennt werden kannst. Jahre können vergehen, ohne daß ihr euch seht, ihr könnt auf dieser Erde weit entfernt voneinander wohnen, aber wenn ihr euch wieder begegnet, wird es sein, als liege keine Zeit dazwischen. Verwechsle Freundschaft nie mit dem, was man Bekanntschaft nennt. Viele, die du dein Leben lang kennst, sind nur Bekannte. Nie wird zwischen euch dieses Band, dieser goldene Faden sein, den Ich – Geist – „Freundschaft" nenne. Es ist sehr gut möglich, daß diese Bekannten für dich eine Hilfe sind, und auch du für sie. Versäume nicht, sie zu segnen, wenn du ihnen begegnest, und genieße es auch, dich mit ihnen zu freuen, wenn euch das Leben zusammenführt. Sie gehören zu deinem Erfahrungskreis und haben zu einem bestimmten Zweck deinen Weg gekreuzt, und es ist so, wie ich es wünsche.

Ich will nicht, daß du denkst, du müßtest dich von einem anderen zurückziehen und getrennt von ihm weitergehen, weil er nicht deinen Bewußtseinsstand hat. Nein. Das ist kein Leben in Einssein oder Liebe. Schenke deine Liebe allen, die dir auf deinem Lebensweg begegnen. Vergiß nie, ICH BIN auch in den anderen. Wenn du fähig bist, mich in den Augen der anderen zu sehen, werde ich durch dich hindurchstrahlen können, und wenn du Menschen oder Dinge anschaust, sollen sie noch mehr gesegnet sein, weil du ihnen begegnet bist. In deiner Seele ist die tiefe Fähigkeit für wahre Freundschaft, und wenn du allem mit einem Lächeln, einem stillen „Gott segne dich" entgegenkommst, wirst du feststellen, daß die Welt zurücklächelt.

Diejenigen, von denen ich am Anfang dieser Belehrung sprach, wirst du wie mit einem Magnet als Freunde anziehen. Ihre Gegenwart wird dein Leben erfüllen mit der Freude des Einen, der All-Liebe ist, und ihr werdet einander die Liebe schenken, die ewig ist.

Nun segne du, und laß uns den Weg in den Tag hinein gehen.

WISSEN DER SEELE

Es gibt einen Punkt, an dem reine Intelligenz aufhört, und das Wissen der Seele beginnt. Diese Feststellung erfordert eine Erklärung und viel Nachsinnen, damit du sie verstehst und anwenden kannst. Es ist sehr oft schwierig, zu erkennen, wann dieser Punkt des Übergangs kommt, und wie du ihn erreichen kannst, wenn du ihn nützen willst. Da du im Äußeren, in der physischen Welt, wirkst, bist du abhängig von dem allgemeinen Denken um dich herum. Du nimmst die Schwingungen und Gedankenwellen anderer auf, so wie das Radio viele Töne aufnimmt, die in der Luft sind. Meistens glaubst du, du denkst deine eigenen Gedanken und bringst deine eigenen Ideen zum Ausdruck, aber das ist nicht so, denn deine Gedanken sind ein Gemisch aus dem allgemeinen Denken um dich. So ist es auch in den Augenblicken der Angst und Depression, sehr oft werden diese aus dem Äther, der um dich ist, aufgenommen. Diese Ideen können nicht immer als klug bezeichnet werden, oft sind sie vage und basieren nicht auf der Wirklichkeit. Du hast kein Gerät, mit dem du ihren Wert messen könntest. Du sagst: „ich denke“, oder „man sagt“, oder „ich fürchte oder glaube“. Wenn du innehältst und nachdenkst, wird es dich überraschen, wieviel von deiner Zeit du mit solch planlosem Denken verbringst. Ich möchte, daß du das Geheimnis kennenlernst, wie man diese verworrenen Gedanken, dieses Denken auf der Ebene des Intellekts ausschließen und wahres Wissen der Seele anwenden kann. Wenn du einige Augenblicke das äußere Gemüt beruhigen kannst und still wirst, dir dabei unsere wahre Beziehung zueinander vor Augen hältst, und an meine Liebe zu dir denkst, in dem Wissen, daß du in Wirklichkeit Seele bist, und Ich – Geist – daher meine Gedanken in dein Gemüt einströmen lassen kann, dann wird im selben Augenblick die Veränderung vor sich gehen. Wie du dein Radio von einem Sender voll Lärm und Durcheinander auf einen Sender mit zarten, fließenden Melodien umstellst, so sollst du dich umstellen vom äußeren weltlichen Denken auf das Wissen der Seele. Die Verwirrung in deinem Gemüt wird schwinden, und im gleichen Augenblick kann ich meine Weisheit in deine Seele fließen lassen. Ich kann dein Denken klar machen und Friede und Ruhe in das Durcheinander bringen.

Vielleicht fragst du, ob das weltliche Denken nicht angebrachter ist, da du ja auf der irdischen Ebene lebst und praktische Probleme lösen mußt. Nicht für dich, meine Liebe. Du steigst auf die Höhen hinauf mit mir, und deine Seele wird geführt vom Schöpfer des Universums, von dem Einen, der den Kosmos plante, dem Einen, der die Planeten in den ihnen bestimmten Raum setzte, und für Erde und Sonne die Zeit ihrer Umdrehung festlegte. Kann der Mensch durch sein Planen, sein praktisches Denken irgendetwas tun, was größer wäre als dies? Darum bleibe in Frieden. Wenn das äußere Denken die Vorherrschaft zu übernehmen scheint, halte inne und beruhige die aufgewühlten Wasser, wende dich dem großen In-Dir-Lebenden zu, der dich seine Gedanken denken lassen wird. Du weißt, daß du aus dir selbst nichts tun kannst. Ich, der Eine, der dich nach meinem Ebenbild erschuf, kenne sehr wohl den Weg, den ich für dich vorgesehen habe, und du brauchst dich nicht zu fürchten, es könnte mir nicht möglich sein, dir diesen Weg verständlich zu machen. Wisse, wenn du in meiner Gegenwart bleibst und meine Weisheit in dich aufnimmst, kannst du jederzeit über die Brücke gehen, die vom äußeren Denken und Fühlen zum höheren Denken des Seelenbewußtseins führt. Wenn du diesem Seelenbewußtsein treu folgst, wird es dich aus jeder Schwierigkeit herausführen, und in jeder Lage wirst du die richtige Entscheidung treffen.

WIRKLICHKEIT UND DUALITÄT

So vieles im Leben ist gegensätzlich. Wir sehen Leben, Tod, gut, böse, Licht, Dunkel. Alles zeitlich Begrenzte und Irdische ist auf Dualität aufgebaut, auch die ganze vergängliche Natur unterliegt dieser Gegensätzlichkeit. Der Mensch ist beides, gut und böse, krank und gesund, jung und alt, glücklich und unglücklich. Diese Gegensätzlichkeit siehst du, wenn du dich in der Welt, die sich der Mensch schafft, umschaust. Sogar wenn er das Gute zum Ausdruck bringt, kann er sich schnell ändern und mit der gleichen Kraft Negatives hervorbringen. Oft gehen diejenigen meiner Kinder, die versuchen, dem Pfad zu folgen, den ich sie führen will, doch andere Wege und fallen in Gruben der Entmutigung und wirken scheinbar nur auf der äußeren Ebene der Dualität. Nur die Ebene des Geistes ist Wirklichkeit, ist ganz und ungeteilt, *die* Wirklichkeit, die den Menschen nur als Seele kennt, *die* Wirklichkeit, in der es keine Gegensätzlichkeit gibt.

Wenn du anfängst, dich so als Seele zu erkennen, und deine Beziehung zu Mir – Geist – verstehst, dann beginnst du wirklich, ein Leben der Ganzheit zu führen, in der Gegensätzlichkeit keine Rolle spielt. Du lebst aus der *einen* Quelle der Vollkommenheit und erhältst deine Hilfe und Inspiration aus dieser Quelle der Wahrheit. Du schaust auf die Welt und siehst nur den Einen. Welche Umstände oder Schwierigkeiten auch vor dir liegen, du betrachtest dies alles mit meinen Augen und siehst nur Mich. Du erkennst, daß diese Störungen, obwohl sie auf der Ebene des Physischen sehr real sind, Mich – Geist – in keiner Weise beeindrucken. Da du um die enge Verbundenheit von Mir – Geist – mit Dir – Seele – weißt, wirst du nicht verwirrt sein.

Ich habe dir schon früher gesagt und wiederhole es, daß es viel für dich zu tun gibt auf der Ebene des Vergänglichen, wo der physische Körper seine Rolle spielt. Du sollst die Probleme nicht ignorieren, die so sehr real sind für die, mit denen du gehst, aber du wirst deine Ausgeglichenheit bewahren, dein Ohr wird immer auf mein leisestes Wort lauschen, denn du weißt, daß es in meinem Reich der Wirklichkeit nur *eine* Gegenwart und *eine* Kraft gibt. Obwohl du in der

Welt lebst, sollst du doch nicht durch ihre anscheinende Gegensätzlichkeit berührt werden.

Du wirst die Lektionen lernen, für die du auf die physische Ebene gekommen bist, und du wirst deinen Lohn erhalten, wenn du sie gut gelernt hast. Je mehr du meine Gegenwart fühlen kannst und dir von dem einen Lehrer in dir helfen läßt, umso mehr wirst du lernen, und umso besser wirst du meinen anderen geliebten Kindern helfen können, die dieses Wissen von mir und der einen Wirklichkeit ihres Seins nicht haben.

So viele leben noch im Zustand der völligen Dualität, sie finden sich nicht zurecht in der Vielgestaltigkeit der Welt um sie herum und sind völlig verwirrt. Sie fragen sich oft, was aus all dem werden soll und rufen nach Licht in ihrer Dunkelheit, aber sie suchen das Licht nicht. Die unter euch, die das wahre Licht kennen, sind wie brennende Kerzen, und wo sie auch sind, bringen sie denen Licht, die in Dunkelheit und Verzweiflung sind. Meine Liebe, glaube nicht, deine Pflicht sei damit erfüllt, daß du die Wahrheit kennst. Das Wissen, das du hast, ist erst der Anfang deines Dienens. Du sollst im Bewußtsein weiter und höher hinaufgehen, und du trägst Verantwortung, die Belehrung, die ich dir gebe, praktisch anzuwenden.

Durch dich sollen zur rechten Zeit viele andere zu mir kommen, damit sie zum Bewußtsein meiner Führung gelangen. Darum, wenn du auf Gegensätzlichkeit und unübersehbare Umstände in der Welt schaust, versäume nie, auch tief in dein Inneres zu schauen, wo nur Einer ist in Kraft, Friede, Wahrheit und Liebe. Aus dieser Quelle schöpfst du deine Kraft.

Ich segne dich; segne auch du alle, denen du heute begegnest. Schenke Liebe allen Wanderern auf dem Höhenweg, und ich verspreche dir ein noch tieferes Wissen von mir.

MEIN HERZ VOLL LIEBE

Mein Kind, wollen wir heute früh eine Pause machen für unsere Belehrung? Die Vögel singen draußen vor dem Fenster, Blumen blühen im Garten und Bäume spenden Kühle. Laß Frieden in dein Herz einkehren, wenn es sich meinen Worten öffnet, und wenn du fühlst, wie die göttliche Gegenwart dich umgibt. Hier, meine Liebe, ist der wahre Ort, wo Friede zu finden ist. Dieser mein Friede war, ehe die Zeit begann und ist ohne Ende. In der Welt des Äußeren ist heute morgen kein Friede. Streit und Verwirrung scheint das Los der Menschen zu sein. Es ist tatsächlich ihr Los, solange das rein Physische ihr Leben beherrscht. In meinem Königreich, dem Reich des Herzens, gibt es nur ein Gesetz, das Gesetz, durch das alles erschaffen wird, das Gesetz der Liebe. Im ganzen Universum gibt es kein höheres Gesetz, auch gibt es keines, auf dem der Mench ein sichereres Fundament aufbauen kann. Laß uns hierüber einige Augenblicke meditieren. In jedem Reich ist dieses Gesetz der Liebe das Höchste. Wenn der Mensch seinen Mitmenschen liebt, kann es keinen Haß geben. Kein Herz kann von Liebe erfüllt sein und noch Raum haben für irgendein anderes Gefühl. Liebe sitzt als Herrscher auf dem Thron des Herzens, das mir übergeben wurde. Diese Liebe hat viele Phasen. Sie ist wie ein Juwel mit vielen klaren Facetten, von denen jede das Sonnenlicht aufnimmt und in vielen leuchtenden Farbschattierungen von der geschliffenen Oberfläche zurückstrahlt. So strahlt auch das von Liebe erfüllte Herz Hilfe aus für alle, die es auf dem Weg des Lebens trifft. Diese Liebe ist eine Kraft, die nicht zurückgehalten oder in nur einen Kanal geleitet werden kann. Wer wirklich diese himmlische Liebe, der nichts anderes gleichkommt, in sich trägt, verströmt sie wie ein Brunnen sein kristallklares Wasser. Im Überfluß wird sie gegeben, denn je mehr sie sich verschenkt, umso mehr strömt nach aus der unerschöpflichen Quelle, die vom Vater ausgeht.

Die Welt wurde durch Liebe erschaffen. Im Anfang liebte Gott, das große Prinzip, alle Dinge und nannte sie gut. Nur der Erdenmensch glaubt, er könne auf andere Weise wirken. Der Vogel, der eben jetzt sein fröhliches Lied zwitschert, kennt diese Liebe, warum sollte er sonst singen? Die bunten Blumen trinken Liebe aus dem Erdboden, wie könnten sie sonst so herrlich blühen? Wenn du von der Natur um dich diese Belehrung des ersten und größten göttlichen Gesetzes – Liebe – aufnimmst und deine Aufgaben in Liebe erfüllst, wird das Leben Liebe auf dich zurückstrahlen, wie ein großer Spiegel das Bild der Schönheit, das vor ihn gehalten wird, zurückwirft. Der Mensch sagt, er liebe dies und jenes, und etwas anderes hasse er. Das ist keine wirkliche Liebe. Eine solche Liebe ist nur ein Spiel mit äußeren Emotionen. Wie ich dir schon sagte, wahre Liebe nimmt so völlig Besitz von dem Herzen, das sich ihr geöffnet hat, daß kein Platz für andere Gefühle bleibt.

Du stellst eine Frage, die ich sofort beantworte. Du sagst: „Und Krieg, Krankheit und all das Schlimme, das die Menschen quält? Und die Sünde, sollen wir die Sünde nicht hassen?" Noch einmal sage ich dir, ein Herz, das von m e i n e r Liebe erfüllt ist, hat keinen Raum für Haß gegenüber Dingen, so böse sie auch scheinen mögen. Diese negativen Dinge wurden alle in meine Welt gebracht, weil der Mensch mein Gesetz nicht anerkennt. An sich sind sie nur äußere Manifestationen, erschaffen durch das Denken des Menschen, und sein falsches Beurteilen von dem, was recht und unrecht ist. Wenn du deine Gefühle im Haß gegenüber diesen Dingen vergeudest, bringt es dir keinen Nutzen. Es ist wahr, daß dein Herz blutet, wenn du siehst, wie das Negative zerstört, und je mehr es von meiner Liebe erfüllt ist, umso größer ist sein Schmerz über die Blindheit der Welt. Ich sage dir: Haß bringt nichts zustande. Wenn du hinter all das sehen kannst, zurück bis zu denen, von denen du erkennst, daß sie die Ursache von allem sind, zurück bis zum ersten Umstand, der dies alles auslöste, und du für diese Person oder diesen Umstand Liebe und Mitleid wegen ihrer Blindheit empfinden kannst, dann trägst du deinen Teil dazu bei, den Zeitpunkt schneller herbeizuführen, an dem Liebe nicht nur das Gesetz des inneren Reiches, sondern auch des äußeren Lebens sein wird.

Die Belehrung heute morgen ist besonders schwer im täglichen Leben anzuwenden, aber sie ist von fundamentaler Bedeutung. Nur wenn sie erfüllt wird, kann ich den großen, ewigen Plan der Bruderschaft verwirklichen. Nur wenn der Schlüssel, das Gesetz des Lebens, angewandt wird, kannst du und andere meiner Kinder das große Vorratshaus des Guten aufschließen, das ich für die vorbereitet habe, die lieben und dieses Gesetz des Lebens anwenden.

MEIN HERZ UND DEIN HERZ

Meine Liebe, du kommst heute morgen zu unserem Zusammensein mit einem Gefühl der Zärtlichkeit in deinem Herzen, wie du es bisher nicht kanntest. Wenn wir zusammen den Berg hinaufgestiegen sind, habe ich dich auf viel Schönes hinweisen können. Du hast meine Liebe und unser Einssein gespürt, und deine irdischen Sinne sind schärfer geworden, da dein inneres Bewußtsein in der Erkenntnis dieses Einsseins gewachsen ist. In unseren stillen Belehrungen sind wir uns sehr nahe gekommen und sind uns sehr lieb geworden. Deine Seele ist wie aus einem Schlaf erwacht und hat Mich – Geist – als ihr wahres Selbst erkannt. Du lernst Tag um Tag, daß Seele und Geist in Wirklichkeit *Eines* ist, und du fängst an, als dieses Eine zu wirken.

Wenn du im Äußeren um dich schaust, scheint dein Herz zu bluten über die Fehler, die Dummheiten und Leiden der Menschen auf der irdischen Ebene. Ich höre dich sagen: „Ich habe dies früher nie so gefühlt." Nein, mein Kind, früher sahst du das Leben um dich vom niedrigeren Stand des Erden-Bewußtseins. Du verstandest die Vereinigung von Seele und Geist nicht, und der innerste Raum deines Herzens war damals noch verschlossen. Aber jetzt ist es nicht mehr so, jetzt ist der Vorhang zum Allerheiligsten in dir weggezogen, und diese Herrlichkeit hat sich über dein ganzes Sein ausgebreitet. Du hast jetzt Zugang zur wahren Wirklichkeit und erkennst endlich das volle Wunder unserer Vereinigung, Du – als Seele – mit Geist – Mir. Kannst du verstehen, daß, nachdem dies geschehen ist, jetzt dein Herz von Mir in Besitz genommen wurde? Es ist nun nicht mehr geteilt, es hat sich meinem großen Herzen der Liebe übergeben, und diese Liebe erfüllt jetzt dein Sein.

Mein Herz ist von Zärtlichkeit erfüllt für die geringste meiner Kreaturen, und da mein Herz in dir schlägt und klopft, schaust du mit einer Liebe auf alle Dinge, wie du sie nie zuvor gekannt hast. Meine Augen weinen, wenn ich auf meine Schöpfung schaue und sehe, daß ich nicht erkannt noch anerkannt werde, und um dieser Blindheit willen muß der Mensch leiden und ringen, bis Ich zum Herrscher über alle Herzen gemacht werde. So siehst auch du mit Zärtlichkeit und Mitleid auf diese anderen. Ihre Sorgen und Nöte sind auch die deinen, denn du bist dir bewußt, daß du untrennbar mit mir verbunden und darum auch mit ihnen eins bist.

Tag um Tag steigen wir in größere Höhen des Geistes hinauf, und oft ist die Luft dünn und leicht, es scheint beschwerlich für dich, und manchmal schaust du sogar zurück und fragst dich, ob es weiter unten nicht doch bequemer war. Dort fühltest du nicht so stark, was dich jetzt betrübt und quält. Wenn solche Augenblicke kommen, möchte ich, daß du innehältst und nachdenkst. Schau um dich und atme tief. Fühle die Gewißheit meiner Führung und meiner schützenden Liebe, die du jetzt hast. Fühle die Kraft, die dir täglich von mir zuströmt, und dann frage ich: „Möchtest du zurückgehen?“ Wenn du das Gefühl des Schmerzes über die Schmerzen der Welt hast, kommt auch ein Gefühl der Versöhnung, ein tiefes Erkennen, daß trotz des äußeren Eindrucks der Schwere der Lage in Wirklichkeit im Inneren dieses Tempels nur Friede und Licht ist.

Wenn du anfängst, den Berg zu einem höheren Bewußtsein hinaufzusteigen, kannst du nie mehr zurückgehen. Nebelschleier wurden von deinen Augen weggenommen und können sich nie mehr bilden, um dich von neuem zu täuschen. Wenn du einmal das Schlagen meines Herzens in deiner Brust gefühlt hast, wirst du dich nie mehr mit einem Herz aus Stein zufriedengeben. Jeden Schritt, den wir gehen, gehen wir als Einer, als Einer teilen wir die Freuden, als Einer überwinden wir die Schwierigkeiten. Als Einer weinen wir über die, die nicht sehen und erkennen, was sie tun. Wie der Meister sein Kreuz trug, so trägst auch du das Kreuz, wenn du mit mir zu den Höhen hinaufsteigst.

Mein Kind, ich freue mich mit dir, daß du so klar die wirkliche Bedeutung siehst, die im Gehen dieses Pfades der Mühen und des Gewinns liegt. Deine Gefühle werden immer lebendiger, wenn du weitergehst, aber wisse immer, daß es jetzt meine Gefühle sind, die du wahrnimmst. Diese früheren, schwachen, menschlichen Emotionen, die einmal heiß und einmal kalt waren, verwirren dich nicht mehr. Eine warme, stetige, alles umschließende Liebe hat ihren Platz eingenommen. Ich kann jetzt durch dich wirken, dich als ein wirkliches Instrument in meinem Dienst gebrauchen. Ich führe dich hierhin und dorthin, und du brauchst dich nie zu fürchten, daß es nicht der von mir vorgesehene Weg ist. Doch warne ich dich noch einmal. Halte deine stille Zeit mit mir, laß meine Hand nie los, versäume nicht, meiner Stimme zu lauschen. Wenn du einen Schritt abseits oder zurück gehst, mußt du schnell wieder vorwärts gehen, denn jeden Schritt rückwärts mußt du teuer bezahlen.

Der Weg „heute" genannt, liegt vor uns, laß ihn uns zusammen gehen.

DU WIRST DICH VERÄNDERN

Heute morgen möchte ich dich noch einmal darüber belehren, daß du Kraft verlierst, wenn du auch nur einen Augenblick zuläßt, daß negatives Denken und Reden Herrschaft über dich gewinnt. Früher schien dies von geringer Bedeutung. Du beschäftigtest dich mit Lernen, Lesen, Bewußtseinserweiterung, gingst deiner Arbeit nach mit weltlichen und höheren Gedanken. Du mischtest dich in Diskussionen ein mit anderen über gute und weniger gute Fragen, dann wieder wolltest du in die Stille gehen und schienst mein Gewand des Friedens und der Reinheit zu berühren. So einfach bewegtest du dich von einer Phase des Denkens in die andere, daß es schien, als hätte die Zeit, die du in niedrigeren Schwingungen verbrachtest, keine schlimmen Folgen. Obwohl du dir dessen nicht bewußt warst, hattest du die Auswirkungen dieser negativen Augenblicke zu übernehmen. In deinem Körper und in deinen Angelegenheiten war nicht mehr die völlige Harmonie. Im Äußeren ergaben sich Schwierigkeiten als Folge von früheren Fehlern, obwohl du sie als solche nicht erkanntest. Jetzt aber fängst du an, Veränderungen zu bemerken.

Da du Tag um Tag in größere Bewußtseinshöhen mit mir aufsteigst, stellst du fest, daß es jedes Mal sofort Folgen hat, wenn du einen Schritt rückwärts gehst. Das Gemüt, das in der Höhenluft meines Bewußtseins lebt, kommt schnell in Not, wenn es wieder auf niedrigere Ebenen des Denkens zurückkehrt. Wenn du jetzt einem negativen Gedanken erlaubst, sich bei dir einzunisten und ihn in Wort und Tat zum Ausdruck bringst, werden sich augenblicklich weitere negative Auswirkungen zeigen, und sofort wirst du aus dem Gleichgewicht kommen, unsicher und voll Verwirrung sein. Auch was du in diesem Zustand sagst oder tust, wird auf dich zurückwirken, und voll Verwunderung wirst du dich fragen, was geschehen ist, um diese Veränderung hervorzurufen. Dies, mein Kind, ist eines der Zeichen des wachsenden hohen Bewußtseins, das du erstrebst; es soll dir beweisen, daß du jetzt nicht mehr frei bist und, wie früher, dich in negative irdische Umstände verwickeln kannst, mit denen du gerade in Berührung kommst. Auch Kritik wird ihre Konsequenzen haben, für die du einstehen mußt.

Wenn du dies erkennst, wirst du zuerst das Gefühl haben, dich nicht mehr ungezwungen und frei unter denen bewegen zu können, die ein niedrigeres Bewußtsein haben, und du glaubst, die Gesellschaft von

Freunden, die dir begegnen und mit dir über die negativen Dinge des Lebens sprechen wollen oder dich in ein oberflächliches Gerede verwickeln, meiden zu müssen. So ist es nicht. Ein solches Handeln würde dir nur ein verschwommenes, schwaches Bewußtsein bringen. Ich möchte dich stark haben, erfüllt von meiner Kraft, fähig, dich unter andere zu mischen, die auf niedrigeren Ebenen leben, fähig, einzutreten für die Sache deines Vaters in einer Welt, die sowohl gut als auch böse ist; doch sollst du in allen Situationen dein hohes Bewußtsein bewahren können. Bleibe dem Glauben in dir treu, sehe klar und wisse, daß, obwohl all dies um dich vor sich geht, deine Seele auf einem hohen Berggipfel mit mir weilt. Dann wirst du, wo immer du auch bist, Herr der Lage sein können. Ich bin stärker als jede Situation auf der irdischen Ebene. Wenn du auf mich eingestimmt bleibst, wird deine Seele die Flut des Negativen wenden, und die um dich sind, werden sich wundern, woher es wohl kommt, daß sie anders denken und reden, wenn du in ihrer Mitte bist. Als ich, der Christus, in menschlicher Gestalt unter den Menschen weilte, fühlte ich, daß Kraft von mir ging, wenn die Menge mich bedrängte. So wirst auch du oft fühlen, daß Kraft von dir wegfließt. Das bedeutet nicht, daß die Kraft in dir geringer wird, denn du wirst aus diesen irdischen Kontakten gestärkt und mit neuer Kraft hervorgehen. Wo meine Kraft an andere weitergegeben wird, wird sie schnell erneuert bei dem, der sie schenkt.

So wie du sofort die Folgen fühlst, wenn du vom Pfad, auf dem wir gehen, abweichst, so wirst du auch ebenso rasch meine Hilfe bekommen, wenn du siehst, was geschehen ist, und du wieder deine Hand nach mir ausstreckst. Laß dich nicht entmutigen, meine Liebe, du kämpfst um Boden unter deinen Füßen, und es ist nicht leicht. Wie ich dir am Anfang sagte, es werden Zeiten kommen, in denen du auf die alten Wege zurückzufallen scheinst, aber das Wesentliche ist, daß du das erlernst, was ich dich lehren möchte.

HEILEN

Meine Liebe, heute morgen wollen wir über Heilung sprechen. Das ist ein Wort, das sehr oft falsch verstanden wird. Es wird so verschiedenartig angewandt und hat für viele Menschen eine ganz verschiedene Bedeutung. Manche, die behandeln, suchen nur ihren eigenen Gewinn und wenden nur die äußere Form an. Ich, mit meiner heiligen Kraft, werde ausgeschlossen, und die Behandlung wird nur mit menschlicher Kraft durchgeführt. Dies ist keine wirkliche Heilbehandlung, und der, dem sie zuteil wird, stellt fest, daß er immer wieder kommen muß, denn sie dauert nicht an, da sie nur auf rein mentaler Ebene durchgeführt wurde. Aber von diesem Aspekt des Heilens wollen wir heute nicht sprechen.

Da du erkennst, daß du Seele bist, und der Heilige Geist in der Seele wohnt, beginnst du zu verstehen, daß alle Macht dieses Geistes da ist und darauf wartet, von dir benützt zu werden. Diese meine Kraft steht allen zur Verfügung, die daran teilhaben wollen und die sie als ihnen zustehend in Anspruch nehmen. Wenn diese meine Kraft angewandt und als solche anerkannt wird, wird man nur wenig an den Begriff „Behandlung" denken.

Da du die Augen auf mein Antlitz richtest, da du die Innigkeit meiner dich immer umgebenden Gegenwart zutiefst fühlst, wie sie dich leitet, dir hilft, dich schützt, scheint der Gedanke des „Behandelns“, im früheren Sinn des Wortes, ferngerückt und bedeutungslos, ob es sich um jemand anderen, dich selbst oder um eine Sache handelt. Es wäre für dich, als ob du und ich getrennt wären, du an einem Ort, ich an einem anderen, und als ob du dich bemühen müßtest, mit mir Verbindung aufzunehmen. So soll es bei dir nicht sein. Wisse, immer lege ich meine Arme in Liebe um dich, wisse, ehe du fragst, weiß mein Herz, was du brauchst, und erkennt auch die Bedürfnisse derer, die dich um Hilfe bitten. Wenn du dann so bei mir in unserer immerwährenden Liebe bleibst, sprich die Namen derer, für die du um Hilfe bittest, und bringe sie auch in meine offenen Arme, und wisse für sie, daß die Heilung vollkommen ist.

Und wenn es sich um Hilfe für dich, mein Kind, handelt, hast du es nötig, den Vater, der alles hat, um ein wenig Hilfe zu bitten oder anzuflehen? Nein, meine Liebe! Des Vaters Fülle ist auch deine Fülle, und keine nur äußere Form der Behandlung kann je den Platz des sicheren Wissens einnehmen, daß wir wirklich *eins* sind und diese Vollkommenheit dein ist.

Du fragst noch: „Gibt es da nicht noch einen anderen Weg der Heilung, der, wenn auch anders als dieser, doch wahr und wirkungsvoll ist?“ Ich antworte, daß viel Gutes geschieht, wenn jemand an einen anderen denkt, und durch das gesprochene Wort seines Vertrauens zu mir eine Heilung geschieht. Aber wer auch immer einen andern behandelt, muß wissen, daß er nur ein Instrument ist, und daß die wahre Heilung durch mich geschieht; das muß sowohl vom Heiler als auch vom Geheilten anerkannt werden.

Es gibt sehr verschiedene Bewußtseinsstufen, viele verschiedene Ebenen, auf denen meine geliebten

Kinder verweilen, und von denen aus sie ihre Arbeit tun. Aber wenn du mehr und mehr im Bewußtsein unseres Einsseins lebst, wird die einzige Art der Heilung, die du ausführst, die sein, von der wir heute sprachen.

Strebe danach, unser völliges Einssein zu erreichen, und wenn du dann deinen Weg durch die Welt gehst, wird deine Gegenwart schon heilend wirken auf alle, denen du begegnest. So wie Jesus die staubigen Straßen des Lebens ging, Heilung und Frieden bringend, so sollst auch du es tun, du „Geliebte meines Herzens".

Ich segne dich, weil du dir Zeit nimmst für unsere Belehrung in der Frische dieses Morgens. Mögen sich im Verlauf des Tages und des Weitergehens mit mir diese Wahrheiten für dich erfüllen.

MEIN GEWAND

Wie schwer ist es, meine Stimme zu hören, wenn die Aufmerksamkeit geteilt ist. Die Welt, ihr Lärm und ihre Unruhe übertönen so leicht die Stimme des Geistes, und wenn sie noch gehört wird, ist sie so vermischt mit den aufregenden Zuständen der äußeren Welt, daß ihre Bedeutung ganz verloren geht.

Heute morgen, beim Weitergehen in das höhere Bewußtsein, möchte ich, daß du mein Gewand trägst. Die Schwingungen auf den Höhen sind fein, und dein Wesen muß klar sein, damit du sie in dich aufnehmen kannst, und das, was du lernen wirst, und was dich aus dieser Höhe grüßen will, jederzeit für dich zum Gebrauch verfügbar wird. Warum solltest du sonst diese Reise machen, wenn dadurch nicht dein tägliches Leben auf der irdischen Ebene dem Leben im Geistigen ähnlicher würde?

Wenn du mein Gewand um deine Schultern legst, scheint es dir sehr schlicht und einfach, und du fragst: „Was für einen Schutz kann ein so einfaches Gewand geben?“ Es ist wahr, es ist ein einfaches Gewand, so wie das Große immer einfach ist, aber wenn du es trägst, fängst du an, seine Eigenschaften zu fühlen und sie auf dich zu übertragen.

Eine dieser Eigenschaften ist tatsächlich und in erster Linie Einfachheit . Du wirst feststellen, du bringst deine Gedanken in Ordnung, wenn du dieses Gewand trägst. Du wirst auch deine früheren Vorstellungen vom Leben und seiner Bedeutung beiseitelegen. Wenn du dich im Bewußtsein mit mir vereinigst, wirst du die Fülle des Lebens haben, seinen Überfluß und seine Wohltaten. Wenn du hierüber nachdenkst, wirst du anfangen, die Wärme meines Gewands zu fühlen, und du wirst es noch etwas enger um deine Schultern ziehen.

Mein Gewand ist auch Wahrheit. Wenn du es trägst, schaust du auf die Vorgänge in der Welt von den Höhen, die wir erreicht haben, und du siehst aus der wahren Sicht das Bild des Menschen und seiner Welt. Du siehst ihn in der Wirklichkeit, das heißt, als Teil von mir, als Teil des Ganzen. Du siehst und verstehst, wie er sich die Lasten selbst aufgeladen und die Nöte selbst verursacht hat, unter denen er leidet, und du sehnst dich danach, ihn mit dem Gewand, das du trägst, zu umhüllen.

Geduld, Nachsicht, Liebe, all dies sind Eigenschaften, die du nun mit meinem Gewand trägst. Du bist geschützt vor Stürmen von außen, wenn du diese Eigenschaften anwendest und erkennst, wozu sie dienen, „die Eigenschaften des Geistes in dir“. Ich hätte gerne, daß du alle die dunklen, schweren Kleider wegwirfst, mit denen du die Reise begonnen hast. Sie sind ungeeignet für diese feinere, leichtere Luft. Das alte Kleid der Furcht, wirf es weg für immer! Du brauchst nie mehr sein Gewicht auf dir fühlen; ebenso das Kleid des Mißtrauens, der Selbstsucht, der Kritik, weg damit für alle Zeiten.

Was für ein Gefühl der Freiheit, der Sicherheit, der Wärme fühlst du nun, wenn du das neue Gewand trägst; du machst dich wieder auf den Weg und gehst noch höher hinauf mit mir. Mein Gewand wird nie abgetragen, es erneuert sich dauernd. Als du es zuerst anlegtest, schien es dir einfach und zu schlicht, um wertvoll zu sein, aber mit der Zeit, und wenn es mit Würde getragen wird, fängt es an zu leuchten in den Farben des Regenbogens und zu glitzern, als wäre es mit Edelsteinen besetzt.

Komm, laß uns weitergehen in dem Wissen, daß wir zusammen das Gewand der Liebe und der Wahrheit tragen, mein Gewand der Gerechtigkeit.

SCHWEIGEN

Viele Worte und viel Reden sind kein Zeichen von Bewußtsein. In den höheren Reichen des Bewußtseins, wohin ich dich täglich führe, wird viel geschwiegen. Im Schweigen liegt eine große Kraft, im lauten, leeren Gerede ist keine. In früheren Belehrungen haben wir von der großen,schweigenden Kraft des Universums gesprochen, und noch einmal wiederhole ich: „Schweigen ist Kraft".

Wenn du deiner Arbeit auf der physischen Ebene nachgehst, lerne diese Anweisung praktisch anzuwenden. Sei still, wenn du fühlst, daß andere, mit dem was du sagst, nicht einverstanden sind. Sei still, um sie nicht in Verwirrung zu bringen. Sei still, wenn aus deinem Sprechen nur ein unnützes Gerede würde.

Lerne, deine Kraft zurückzuhalten für die Zeit, wenn das von mir durch dich gesprochene Wort Frucht tragen soll.

Diese Belehrung ist nicht leicht. Es ist so viel einfacher, sich einem oberflächlichen Gespräch hinzugeben, das keinem etwas bringt.

Wenn du im Gebirge einen Berg hinaufsteigst, stellst du fest, daß du weniger sprichst, je höher du hinaufgehst und keine Kraft mit unnötigen Gesten vergeudest, denn du benötigst deine ganze Kraft für den Aufstieg. So ist es auch mit der Seele, die hinaufsteigt in die größeren Höhen des geistigen Bewußtseins. Du stellst fest, daß du Zeiten der Stille brauchst, des Ruhens mit mir, und du wirst dich oft zurückziehen vom Lärm und der Verwirrung und ihnen keine Aufmerksamkeit schenken. Du wirst deine Ausgeglichenheit bewahren, ruhig und gelassen sein, sowohl im Innern der Seele als auch im äußeren Leben. Du wirst weder die Stärke deiner Seele noch die Kraft deines Körpers vergeuden. Sei immer achtsam mit den Kräften, die ich dir gegeben habe.

Sei still in unserem Einssein in Liebe; ich verspreche dir, daß du in Zeiten der Not einen unbegrenzten Vorrat an Kraft haben wirst, um sie dann anzuwenden.

Denke daran, meine Liebe, heute und alle Tage, viel leeres Gerede verstärkt nur das Körperbewußtsein und verringert das Bewußtsein der Seele. Ohne Bewußtsein der Seele irrst du umher in allen Krankheiten und Mißgeschicken, Fehlern und Verwirrungen des rein physischen Seins.

Setze deine Arbeit fort, aber versäume nicht, dich oft an mich zu wenden, um deine Kraft zu erneuern durch die Ruhe meiner Gegenwart.

NIMM MEINE WORTE AN

Meine Liebe, heute morgen, wenn ich zu dir spreche, möchte ich dich bitten, diese meine Worte anzunehmen, die ich Dir – Seele – gegeben habe. Sie sind die Grundlage für unsere Reise in die Reiche des höheren Bewußtseins. Dieses Buch ist deine Wegkarte, und wenn du es sorgfältig durcharbeitest, wird es dir eine große Hilfe sein.

Es weist dich auf beides hin, die großen Höhen des Bewußtseins und die Fallen entlang dem Weg. Ich habe dir Schönes gezeigt, das deine Augen erfreut, wenn du die Höhen erreichst. Die Musik meiner Sphären erklingt in deinen Ohren, und die himmlischen Düfte meiner Gegenwart bleiben in deinen Kleidern, wenn du zu diesem Gipfel deines Ziels emporgestiegen bist.

Es schien mir auch notwendig, dir, mein Kind, die Dunkelheit der Gruben zu zeigen, in die du stürzen kannst, wenn du nicht eifrig und achtsam im Vertrauen bleibst und die höheren Lehren erfüllst. Dies sind die Gruben des negativen Denkens und Redens, deren Folgen Furcht und Mutlosigkeit sind. Es sind da auch die Gruben des oberflächlichen Geredes und anderer größerer oder kleinerer Fehler mit ihren Auswirkungen. Meide diese Fallen, wenn du den Berg hinaufsteigst. Du wirst nicht hineinstolpern, wenn du meine Hand festhältst und deine Augen immer auf den Gipfel richtest, der das Ziel deiner Reise ist.

Ich habe dir auch das Losungswort gegeben: Liebe. Wenn du an Schranken kommst, die den Weg versperren, wende das Wort freimütig und kraftvoll an, und nichts wird dich hindern weiterzugehen. Du wirst Blumen des Erfolgs sehen, die sich für dich entfalten werden, wenn du deine täglichen Aufgaben gut erfüllst, und wenn du großzügig und frei lebst, wie das Kind eines Vaters, der alles Gute für dich in seinen Händen hält.

Darum, meine Liebe, nimm diese meine Worte, die ich dir so liebevoll gegeben habe, und gebrauche sie zu deinem Nutzen. Wenn du sie in deinem Herzen bewahrst und ihrer sanften Führung folgst, werden wir uns sehr lieb gewinnen, und du wirst mich als die eine Wirklichkeit deiner Seele erkennen. Es wird kein langweiliger Weg sein, sondern eine von Freude erfüllte Reise wird sich vor dir auftun.

Mein Segen ist mit dir, und wenn du in der Fülle meiner schützenden Liebe lebst, wirst du keine Angst haben. Halte deine Lampe brennend, und andere, die sich den Weg hinaufkämpfen, werden sie leuchten sehen, und so wird es auch für sie eine Reise der Freude werden.

Noch einmal segne ich dich und sage dir, wenn du nun aus diesem Zusammensein weitergehst, wisse jeden Tag, daß der Meister mit dir wandert, hinauf zum Berggipfel des höheren Bewußtseins.

Nachwort

DER MANN, DER ZU GOTT EMPORSTIEG

Dem Mann war gesagt worden, daß er auf dem Gipfel des Berges Gott finden würde, daß er ihn dort von Angesicht zu Angesicht sehen werde. So erhob sich der Mann früh am Morgen, noch vor Tagesanbruch, und machte sich auf den Weg. Als die ersten Sonnenstrahlen durch die Bäume des Waldes fielen, freute er sich und stieg viele Stunden lang hinauf.

Bei diesem Aufstieg wurde er durstig und suchte einen Bach, wo er seinen Durst löschen konnte, und als er dort ruhte, schlief er ein. Während er schlief, kam Gott von dem Gipfel des Berges herab, und seine Gestalt war die eines jungen Mannes: kräftig und mit Augen von durchdringender Schönheit. Gott sprach. Seine Stimme klang wie eine zarte, klare Glocke. Dies sind die Worte, die er sprach:

„Du machtest dich auf die Reise der Seele, weg vom Trubel der Städte mit ihrem Glanz und ihren Enttäuschungen, weg von der Hetze des Lebens, wie es von dem Menschen in seiner Unwissenheit gelebt wird. Du kamst allein auf den Bergpfad, als in deinem Bewußtsein der Tag anbrach, und du erkanntest, was Leben wirklich ist. Du betratest den Weg der Einsamen und dachtest, wenn du auf dem Pfad bleibst und über die Klippen alter Glaubensvorstellungen und Wünsche steigst, du Mich, Gott, schließlich finden würdest. Aber ich warte nicht dort auf dem Thron meiner Herrlichkeit, während du den beschwerlichen Weg allein gehst. Ich sah den Wunsch in deinem Herzen brennen, so wie jetzt die Sonne auf deinen Körper brennt, und ich eilte zu dir herab, damit wir den Weg von den Sinnenwahrnehmungen zurück zur Seele zusammen gehen. Der Weg wird dann nicht einsam sein, denn bei jedem Schritt sollst du himmlische Begleitung haben. Erwache! Erhebe dich! Laß uns mit Freude unseren Weg gehen."

Der Mann erwachte und wurde gewahr, daß er Stunden des Tages geschlafen hatte, und der sanfte Abendtau auf seinen Wangen lag. Der Himmel war mit Sternen übersät, es war eine große Stille und, siehe, er war auf dem Gipfel des Berges! Er wußte, daß Gott da war. In seinem Herzen war eine große Stille und dort, in seinem Herzen, war Gott. Er sang vor Freude, denn er hatte ein großes Geheimnis entdeckt, daß da, wo Stille im Inneren ist, Gott immer gefunden werden kann.

Er verbrachte die Nacht auf dem Gipfel des Berges in stiller Meditation, und als der Tag anbrach, ging er den Weg zu der geschäftigen Stadt hinunter, aber Gott ging mit ihm, und beim Gehen durch die belebten Straßen sprach der Mann mit Gott. Er war von Frieden erfüllt, denn er hatte erkannt, daß der Gipfel des Berges das Erwachen seiner eigenen Seele zur Wirklichkeit seines wahren Seins war und daß er nie mehr Gott suchen mußte.

INHALTSVERZEICHNIS

Seite

DIE EDLE GABE

Sinn des Daseins – Gesundwerdung – Frieden in Innen- und Außenwelt – Erfolgstraining – Bewußtseins-Erweiterung – Persönlichkeitsbildung – Alltagsbewältigung – Hilfe zur Selbsthilfe – Wunscherfüllung

MEISTER ECKHART, STILLE UND EWIGKEIT – Eine Sammlung aus seinen weisheitsvollen Aussagen, herausgegeben und übersetzt von Hasso Schelp. Das Buch führt den Leser in die geistige Welt des großen christlichen Mystikers, der wie kaum ein anderer die Einheit mit Gott erfahren und gelebt und die „Wahrheit, die den Menschen frei macht", gelehrt hat. Ein Buch, das den Weg zum göttlichen Bewußtsein weist.
72 S. – violettfarben geb. – cellophanverpackt –

WEGE IN DEN TAG – Von Alfred Gobell – In einer Zeit großer Umwälzungen, in der die ewigen Gesetze der Seele und des Geistes wieder Geltung erhalten dürfen, führt der englische Eingeweihte uns mit seinen WEGEN dorthin, wo Christus mit uns reden kann.
120 S. – ecrúfarben geb. – cellophanverpackt –

BALTHASAR BASALTALTAR – Heitere Verse von Werner Simon – Werner Simon, Berliner, Strafverteidiger, Spielleiter und Schauspieler in In- und Ausland, Rundfunk- und Fernsehjournalist, der indessen bei jedweder Ausübung aber in rechtem Enste nie ein balthasarisches Schmunzeln unterdrücken konnte. Grafik: Erika Binz-Blanke.
116 S. – geb. – cellophanverpackt – **2. erw. Auflage**

DAS UNPERSÖNLICHE LEBEN – Von Joseph S. Benner – Unser Bestseller, zu dem eine Kundin schreibt: „Das unpersönliche Leben" ist für mich die größte Offenbarung, die mir jemals in dieser Form begegnet ist. Es beinhaltet praktisch eine ganze esoterische Bibliothek, ist ein geistiger Einweihungsweg von höchstem Grade. – „Das unpersönliche Leben" – ein Buch, das dem sich heute wandelnden Bewußtsein des Menschen Antwort gibt, weit hinaus über alles bisherige Wissen vom Sinn des Lebens.
136 S. – meerblau geb. – cellophanverpackt – **4. Auflage**

BOTSCHAFT DES JAKOBUS/DIE SCHRIFT VOM GEIST – Nach den **„Johannesburger Reden"** und unserem **„Unpersönlichen Leben"** das dritte Buch dieser Qualität und Aussagekraft: Niederschrift einer unmittelbaren Inspiration über das Leben des Jesus von Nazareth während seiner Kindheit bis zum ersten öffentlichen Auftreten mit Gesprächen zwischen ihm und seinem Bruder Jakobus. Der 2. Teil des Buches enthält: Weisheiten der Hinführung in das geistige Leben.
120 S. – meerblau gebunden – cellophanverpackt –

IN SEINER GEGENWART – Von Eva Bell-Werber – Eine Weiterführung der viel gefragten vorausgegangenen Ausgaben von Eva Bell-Werber. Ein wichtiges Handbuch für den Alltag, das durch seine Belehrungen zum Bewußtsein der immerwährenden Gegenwart Gottes führen will.
72 S. – bleufarben geb. – cellophanverpackt –

ZUM PARADIES DES MENSCHEN – Von Walter Stanietz – Der Autor, der lange in die Stille gegangen ist, zeigt, daß sanftes Berührtwerden von der inneren Welt und dem inneren Leben etwas anderes ist, als das Mitgerissenwerden und Verlieren im Außen. Er weist den Leser in die Seligkeit des bewußten Lebens: „Zum Paradies des Menschen".
110 S. – roséfarben geb. – cellophanverpackt – **2. Auflage**

GEHEIMNISVOLLE BILDERSPRACHE – Von Irmgard Demetriades – Gestützt auf die außergewöhnlichen Offenbarungen des christl. Mystikers J. Lorber führt dieses Buch in die alte Wissenschaft der Entsprechungen zwischen Materie und Geist. Es weist auf den tiefen gemeinsamen Ursprung der urägyptischen, jüdischen und christlichen Lehren.
188 S. – beigefarben gebunden – cellophanverpackt –

SYMBOLE IN UNS – Von Annamaria Wadulla – Im Mittelpunkt steht die indische Cakra-Lehre, zu der Parallelen aufgezeigt werden, die sich trotz stark voneinander abweichender Darstellungen überall in den verschiedensten Kulturkreisen in großer Fülle finden lassen und die inneren Entwicklungsvorgänge im Menschen symbolisieren. Ein sinnvolles Leben ist nicht von äußeren Reichtümern abhängig. – Mit 5 halb- und 5 ganzseitigen Illustrationen von Rosemarie Wlodeck.
120 S. – violettfarben gebunden – cellophanverpackt –

DAS LAND HINTER DEM SCHLEIER – Von Ingeborg Freimuth-Würz – Ein dynamisch-empirisches Zeugnis vom Miteinander der scheinbar Getrennten diesseits und jenseits des „Schleiers", das aufzeigt: Die Wesensvollondung geschieht erst im Wiedervereinigen der getrennten Duale, der ewigen Gemahle. Außergewöhnliche Deutungen von Volksmärchen und ein dramatisches Mysterienspiel runden dieses feine Werk ab.
238 S. – violettfarben gebunden – cellophanverpackt –

SEELE, WO IST DEINE HEIMAT? – Von Gerda von Fichte – Die Autorin versteht es, aus der gestalterischen Kraft ihrer Seele und kultivierter Sprache das „zarte Berühren", – das „Verhüllen", – das „Unsagbare" auszudrücken. In Verbindung mit den überragenden Reproduktionen von Prof. Heinrich C. Berann/Innsbruck ein in Vers und Prosa wesentliches und ausdruckstarkes Buch.
70 S. – bleufarben gebunden – cellophanverpackt –

IM AUGENBLICK SEIN – Von Margret Brügger – Sensible Gedichte, die aus der Erfülltheit eines Augenblicks entstanden sind und den Leser die Dynamik der Stille spüren lassen. Einfach in der Sprache und knapp in der Form, versuchen sie, wie japanische Tuschzeichnungen, Wesentliches zu vermitteln.
80 S. – silberfarben gebunden – cellophanverpackt –

DIE BLAUE HAND – Von Margret Brügger – In der „Blauen Hand" verkörpert sich die Innere Führung. In knapper, lyrischer Form drückt unsere Autorin von „Im Augenblick sein" ihre Erfahrungen aus. – Antwort und Hilfe auf die Ängste unserer Zeit.
49 S. – mit Schutzumschlag – blaufarben gebunden –

DIE GÖTTLICHEN STRAHLEN DER LIEBE – Von Gertrud Niesel – Gedanken der sich offenbarenden Liebe in der Ausstrahlung des unendlichen ewigen Seins. Empfangen und niedergeschrieben in der Erkenntnis, daß nur die tiefe, reine Liebe zum wahren göttlichen Erleben führt.
90 S. – mit Schutzumschlag – hellrosé gebunden –

SELIG DIE REINEN HERZENS SIND – Von Gertrud Niesel – Die universelle heilige Wirklichkeit der Gotteswelt, die jedes hinausgestellte Geistwesen erreichen sollte, kann nur auf dem Wege des sich vollbewußten Innenlebens erkannt und erlebt werden.
72 S. – mit Schutzumschlag – weiß gebunden –

VON DER EWIGKEIT DES SEINS – Von Ingrid Öller – Inspirierte Gedichte in der Auseinandersetzung mit dem innersten Wesen. – Anstoß und Andacht zugleich. – Zur Meditation und Stilleübung geeignet.
58 S. – mit Schutzumschlag – weiß gebunden –

LEUCHTFEUER IN DUNKLER ZEIT – Ein Lebensbrevier – Von Maria Magdalena und Otto Herbert – Unsere Zeit ist dunkel. Aber überall werden kleine Lichter angezündet, die nach und nach unsere Welt erhellen. Liebe, Freude, Verständigung erwachen. Eines dieser Leuchtfeuer kann man dieses Bändchen nennen. – Brunhild Börner-Kray schrieb das Vorwort. 4 Yoga-Übungsreihen sind angegliedert.
56 S. – mit Schutzumschlag – türkisfarben gebunden –

PARTNER-BREVIER/I. TEIL: Von Marielú Altschüler und Carl-Hubert Krementz – In ihren praktischen Empfehlungen geben die beiden Schriftsteller und Lebenslehrer (BdY/EYU) aus dem Erlebens- und Erfahrungsgut ihrer Gemeinsamkeit Motivation und liebevolle Hinführung zu Bewußtseins-Entwicklung durch Partnerschaft – unbegrenzter Liebe – umfassendem Eingefügtsein in eine neue Welt – optimalem Leben zu zweit, diesseits-, zeit- und ewigkeitsbezogen.
92 S. – hellgrün gebunden – cellophanverpackt –

ABENTEUER LEBEN – Aufsätze und erste Gedichte – Von Carl-Hubert Krementz – Der Autor theoretisiert nicht, sondern schreibt aus einer elementaren Daseinsbezogenheit heraus, die eben dadurch die aktuelle Sprache aller spricht. So ist er in einer Zeit der Unsicherheit jedem Suchenden ein mitreißender Begleiter.
56 S. – mit Schutzumschlag – dunkelgrün gebunden –

FREUDE SCHÖNER GÖTTERFUNKEN – Von Marielú Altschüler – Freude, echte, bleibende Freude, die aus der Tiefe, aus dem Innenraum kommt, ist erlernbar. Jeder Mensch kann sie erfahren, wenn er kleine Spielregeln beachtet, die die Autorin im Plauderton aufzählt. Ein Bändchen, das Schenkenden und Beschenkten Freude macht. Eine wertvolle Hilfe besonders auch gegen Schwermut und Depressionen. – Schönste Gabe für Kranke.
80 S. – mit Schutzumschlag – lachsfarben – **4. Auflage**

MEINE SEELE IST ERWACHT – Von Marielú Altschüler – Frau Altschüler begleitet und lenkt jeden, der sich ihr anvertraut, den Weg, der über das Bewußtsein der Verlorenheit in die Überwindung und Verwandlung zum Bewußtsein der Fülle und seiner Verwirklichung führt. – 70 Verse – zur Meditation geeignet.
80 S. – taubenblau gebunden – cellophanverpackt –

RHYTHMUS DES LEBENS – Von Marielú Altschüler – Gedichte, die durch das Jahr mit seinem sinnvollen, wechselhaften Rhythmus – durch das LEBEN führen. – Lyrik, die für das Dasein aufschließt und es erhellt.
80 S. – lichtgrün gebunden – cellophanverpackt –

ZWERG PERECHIL – Von Marielú Altschüler – In sieben phantastischen Märchen und ihren aus Intuition und Wissen gegebenen Interpretationen erläutert Marielú Altschüler in diesem zauberhaften Geschenkbändchen den Weg des geistigen Erwachens, der – heute verschüttet – einmal allen Lebens- und Kulturkreisen zu eigen war. Ein Buch, das wohl der Jugend, doch ebenso dem erwachsenen Menschen Wegweiser sein kann. – 112 S. – Irisfarbdruck – geb. – cellophanverpackt –

SEI STILLE – SEELE ... – Von Marielú Altschüler – Ein schmales Bändchen in Langdin-Format um den Sinn von Sterben und Tod. Empfehlenswert als Trost für Trauernde und Hinterbliebene. 5 Holzschnitte von Karl Hans Gehring. – Ein besonderes Geschenk zur Kranzgabe.
23 S. – Langdinformat – in silberfarbenem Einband/geheftet –

VOM NICHTWISSEN ZUM WISSEN – Von Marielú Altschüler – Eine schmale Schrift die aufzeigt, daß es nicht nur ein alltägliches, sondern – es umschließend – ein höheres Leben und Wissen gibt. – Besonders geeignet, als kleines, apartes Geschenk für Menschen, denen man zum Einstieg auf den geistigen Pfad verhelfen möchte.
24 S. – Langdinformat – in Chromolux-Einband/geheftet –